rowohlts monographien
begründet von Kurt Kusenberg
herausgegeben
von Wolfgang Müller und Uwe Naumann

Platon

mit Selbstzeugnissen
und Bilddokumenten
dargestellt von
Gottfried Martin

bildmonographien
rororo

Rowohlt

Dieser Band wurde eigens für «rowohlts monographien» geschrieben
Die Bibliographie besorgte Dieter Ferfers, der auch gemeinsam mit Antje Lange die Zeugnisse zusammenstellte
Herausgeber: Kurt Kusenberg · Redaktion: Beate Möhring
Umschlagentwurf: Werner Rebhuhn
Vorderseite: Platon. Büste. Rom, Vatikan
(Die eingemeißelte Inschrift «Zenon» ist falsch.)
(Archäologisches Seminar der Universität Hamburg)
Rückseite: Apollo. Römische Kopie eines griechischen Originals.
Kassel, Landesmuseum (Staatl. Kunstsammlungen, Kassel)

Veröffentlicht im Rowohlt Taschenbuch Verlag GmbH,
Reinbek bei Hamburg, März 1969

Gesetzt aus der Linotype-Aldus-Buchschrift
und der Palatino (D. Stempel AG)
Gesamtherstellung Clausen & Bosse, Leck
Printed in Germany
1290-ISBN 3 499 50150 3

20. Auflage. 86.–88. Tausend Juni 1997

Inhalt

Platon. Hermenbüste im Vatikan (Sala delle Muse), Rom. Römische Kopie nach einem Werk des späten 4. Jhs. v. Chr.

Es geht die Erzählung, Sokrates habe geträumt, er halte auf seinem Schoße das Junge von einem Schwan, das alsbald befiedert und flugkräftig geworden, in die Lüfte emporgestiegen sei mit schallenden Jubeltönen; und tags darauf sei ihm Platon vorgeführt worden; da habe er gesagt, dies sei der Vogel.
Diogenes Laertios: «Leben und Meinungen berühmter Philosophen». Übersetzt und erläutert von Otto Apelt (Leipzig 1921, Buch III, 5)

DAS LEBEN

Die Jugend in Athen

Erechtheus' Söhne, beglückt von alters her,
Ihr, die Kinder seliger Götter im Land,
Dem heilig unverwüstbaren, wo ihr am Born
Herrlicher Weisheit trinkt und stets in dem heitersten Licht
Des Himmels leicht hinwandelt, wo die geweihten
Neun Pieriden, die Musen wie sie sagen,
Einst Harmonia trug im Schoße,

Wo Kypria von des Kephisos reizenden
Fluten schöpft, erzählt man, und über das Land
Hinwehen läßt mildatmenden, kühlenden Hauch
Leiseverfliegender Lüfte, dann in die Locken sich stets
Windet die lieblichduftenden Rosengewinde,
Und die Eroten sendet, den Beistand der Weisheit,
Mannigfaltiger Tugend Helfer! [1] *

So hatte Euripides im Jahre 431 den Chor seiner «Medea» das Lob des Kephisostales singen lassen. Die Kephisos fließt westlich von Athen, etwa einen Kilometer von den Stadtmauern entfernt, zum Meer hin. Dort lag das väterliche Landgut Platons, dort hat er später die Akademie gegründet. Damals war dies eine der fruchtbarsten Landschaften Attikas, heute ist es eine trostlose Vorstadtgegend, im Sommer von einer erschreckenden Dürre. Ist es ein Zufall, daß Euripides die Landschaft, in der Platon aufgewachsen ist, in der er gelebt und die Akademie gegründet hat, in der er gestorben ist und begraben liegt, in seinem Lied als den Hort der Kunst und Wissenschaft besungen hat? Man möchte es eher eine prophetische Vorahnung nennen. Wilamowitz-Moellendorff, lange Zeit der beste Kenner des

---

* Die hochgestellten Ziffern verweisen auf die Anmerkungen S. 136 f.

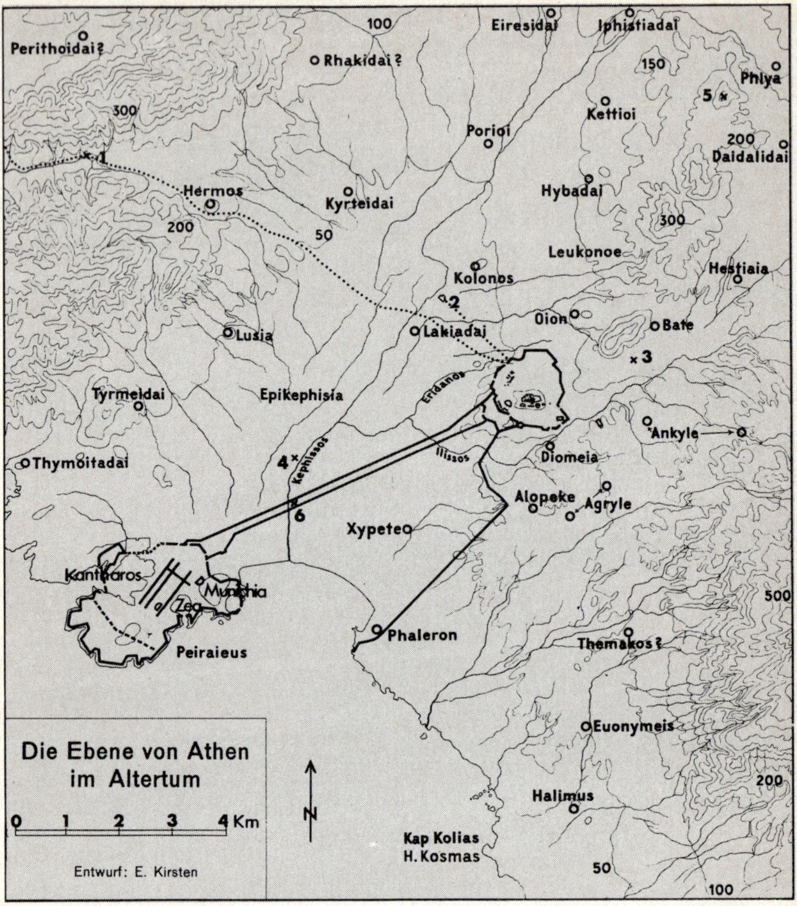

Die Ebene von Athen im Altertum: 1. Heiligtum des Apollon Daphneios. 2. Heiligtum des Heros Akademos, dabei Platons Akademie. 3. Heiligtum des Apollon Lykeios (?), dabei des Aristoteles Lykeion. 4. Heiligtum des Herakles. 5. Heiligtum der Artemis Amarysia. 6. Heiligtum des Echelos und der Nymphen (Originalkartenentwurf von E. Kirsten)

Griechenlands zur Zeit Platons, hat dieses Lied an den Anfang des ersten Buches seiner Platon-Darstellung gesetzt – allerdings in einer anderen Übersetzung –, und ich glaube nicht, daß man einen besseren Anfang finden kann.

Es ist nicht genau bekannt, wann und wo Platon geboren ist. Einige antike Nachrichten geben das Jahr 430/429 an; Platon wäre dann

Tempel der Aphaia auf Aigina

Bronzestatue des Poseidon aus dem Meer bei Kap Artemision. Mitte des 5. Jhs. v. Chr. Athen, Nationalmuseum

in dem Jahr geboren, in dem Perikles gestorben ist. Wahrscheinlicher ist aber die Angabe 428/427. Die doppelte Jahreszahl kommt – wie fast immer bei griechischen Jahresangaben – dadurch zustande, daß der Anfang des griechischen Jahres sich nicht mit unserem Jahresanfang deckt. Von Platons Geburtsort sagt Diogenes Laertios: «Nach einigen ist er in Aigina geboren im Hause des Pheidiades, des Sohnes des Thales, wie Favorinus in seinen ‹Vermischten Geschichten› berichtet, da sein Vater mit andern an der Landverteilung beteiligt war und nach Athen zurückkehrte, als die Ansiedler von den den Aigineten zu Hilfe kommenden Lakedaimoniern wieder von der Insel vertrieben wurden.» (D. L. III, 3.)

Diese Schrift des Diogenes Laertios ist für uns eine der wichtigsten Quellen zur Geschichte der griechischen Philosophie. Zwar gab es in der Antike zahlreiche solcher Darstellungen sowie eine ganze Reihe spezieller Platon-Biographien, die zum Teil von den direkten Platon-Schülern stammten, doch leider sind sie verlorengegangen. Als Ganzes erhalten geblieben ist lediglich das oben zitierte Sammelwerk des Diogenes Laertios, das aus dem 3. Jahrhundert n. Chr. stammt. Selbstverständlich hat er sich auf die ihm vorliegenden Quellen gestützt, und erfreulicherweise tut er dies auch bei der Angabe über den Geburtsort Platons. Favorinus, auf dessen Bericht er sich dabei beruft, hat von ca. 80 bis ca. 150 n. Chr. gelebt. Die Angabe von Aigina als Geburtsort wäre geschichtlich nicht unmöglich, da in der Tat die Athener zu dieser Zeit Aigina erobert hatten und besetzt hielten. Doch schon Diogenes Laertios selbst zweifelt an der Richtigkeit dieser Angabe. Auf jeden Fall steht fest, daß Platons Eltern bald mit ihm auf das Landgut am Kephisos zurückgekehrt sind. Wir kennen dieses Landgut, auf dem Platon aufgewachsen sein muß, aus seinem Testament; er hat es später seinem Neffen Adeimantos vererbt.

Platon stammt väterlicher- wie mütterlicherseits aus berühmten und wohlhabenden Familien der athenischen Aristokratie. Diese Herkunft, auf die er immer stolz gewesen ist, hat sein Leben weitgehend bestimmt. Sein Vater Ariston, den er mehrmals erwähnt, leitet sein Geschlecht von mythischen Königen und dem Gott Poseidon ab. Seine Mutter Periktione führte ihren Stammbaum auf Dropides, einen Freund und Gefolgsmann Solons, zurück. Platon hatte zwei Brüder, Adeimantos und Glaukon, und eine Schwester, Potone. Seine beiden Brüder erwähnt er oft, sie tragen als Mitunterredner des Sokrates die *Politeia*, Platons größtes Werk. Platons Vater starb früh, seine Mutter ging eine zweite Ehe mit Pyrilampes ein, aus der Platons Halbbruder Antiphon stammt. Von seinem väterlichen Haus und seinen beiden Brüdern spricht Platon in der *Politeia*: *Nachdem ich nun dieses gehört, wie ich denn schon immer auf des Glaukon und Adeimantos Natur sehr viel gehalten, war ich auch damals besonders sehr erfreut und sagte: Nicht unrecht hat auf euch, ihr Söhne jenes Mannes, der Liebhaber des Glaukon den Anfang seiner Elegien gedichtet, nachdem ihr euch in dem Megarischen Gefecht so ausgezeichnet, wenn er sagt: «Göttlich Geschlecht, ihr Söhne des herrlichen Mannes Ariston.»* (*Politeia* 367 e–368 a / III, 105.) *

---

* Die Platon-Zitate sind der Übersetzung Schleiermachers – und zum Teil der Hieronymus Müllers – entnommen, wie sie in «Rowohlts Klassiker der Literatur und der Wissenschaft», Hamburg 1957 f, neu gedruckt worden ist. Die Zahl vor dem Schrägstrich gibt die Stephanus-Paginierung an, nach der die Stelle in allen griechischen Ausgaben und Übersetzungen gefunden werden kann, dann folgt die Band- und Seitenangabe der Platon-Ausgabe in «Rowohlts Klassiker».

Vom mütterlichen Geschlecht spricht Platon im Dialog *Charmides.* Es handelt sich hier um ein Gespräch zwischen Sokrates und dem jungen Charmides, einem Bruder Periktiones, also einem Onkel Platons. Am Anfang des Dialogs sagt Sokrates: *Freilich, sagte ich, ist es auch billig, o Charmides, daß du dich in allen dergleichen Dingen vor den übrigen auszeichnest. Denn ich glaube nicht, daß noch irgendein anderer hier bei uns leicht würde nachweisen können, aus welcher zwei athenischen Häuser Vereinigung sich ein besserer und edlerer Abkömmling wahrscheinlich erwarten ließe als aus der beiden, von welchen du entsprossen bist. Denn euer väterliches Haus von Kritias, dem Sohne des Dropides her, ist uns durch die Gesänge des Anakreon sowohl als durch Solons und anderer Dichter Überlieferung angepriesen als ausgezeichnet durch Schönheit und Tugend und was man sonst zur Glückseligkeit zu rechnen pflegt; und das mütterliche ebenso ... Und dieses ganze Haus gibt in keinem Stücke jenem anderen etwas nach. Aus solchen entsprossen, ist es also billig, daß du in allem der erste seiest.* (*Charmides* 157 d–158 a / I, 132–133.)

Antiphon, der Stiefbruder Platons aus der zweiten Ehe seiner Mutter, tritt als Überbringer des Dialogs *Parmenides* in Erscheinung. Er hatte den Inhalt des Dialogs durch Pythodoros erfahren, der dem Gespräch zwischen Parmenides, Zenon und Sokrates selbst beigewohnt hatte (vgl. *Parmenides* 126 a–127 a / IV, 64).

Sich selbst erwähnt Platon in den Dialogen nur dreimal, davon zweimal in der *Apologie.* Im Jahre 399 war Sokrates angeklagt und zum Tode verurteilt worden. In der *Apologie,* die aus drei Reden besteht, gibt Platon die Verteidigungsrede wieder, die Sokrates vor Gericht gehalten hat. In der ersten Rede, der eigentlichen Verteidigungsrede, zählt Sokrates Platon als einen der Anwesenden auf: *und Adeimantos, des Ariston Sohn, der Bruder dieses Platon* (*Apologie* 33 e–34 a / I, 24).

Nachdem er schuldig gesprochen worden ist, muß Sokrates nach athenischem Recht selbst eine Strafe gegen sich beantragen. An dieser Stelle nennt er Platon unter den Bürgen für eine mögliche Geldstrafe: *Platon aber hier und Kriton und Kritobulos und Apollodoros reden mir zu, mir dreißig Minen zuzuerkennen, und sie wollten Bürgschaft leisten.* (*Apologie* 38 b / I, 28.)

Schließlich erwähnt Platon sich selbst noch einmal im *Phaidon.* Dort läßt er Phaidon die Anhänger aufzählen, die gekommen waren, um am letzten Tag des Sokrates mit ihm zusammen sein zu können. Von Platon sagt er kurz: *Platon aber, glaube ich, war krank.* (*Phaidon* 59 b / III, 12.)

Den Todestag seines geliebten Meisters mitzuerleben, ging wohl über seine Kraft.

Da Platon in den Dialogen bis auf diese Ausnahmen über sich selbst schweigt, bleiben seine Briefe die wichtigsten Quellen, und wir werden sie eingehend heranziehen.

Immerhin läßt sich auch in den Dialogen eine ganze Reihe von

Büste des Sokrates. Neapel, Nationalmuseum.
Römische Kopie nach einem griechischen Werk des frühen 4. Jhs. v. Chr.

Schulunterricht.
Attisch. Schale des Duris, um 480 v. Chr. Staatliche Museen, Berlin

Stellen autobiographisch verstehen, und einige dieser Stellen sind auch immer so verstanden worden. Eine spezielle Untersuchung dieser Frage fehlt allerdings noch, und deshalb ist der Bearbeiter vorläufig auf seine Intuition angewiesen. Er wird dabei möglicherweise manche Stelle fälschlich autobiographisch interpretieren, während ihm manch andere Stelle, die eine autobiographische Notiz darstellt, entgehen wird.

Platon hat gewiß die Erziehung genossen, wie sie dem Sohn einer vornehmen athenischen Familie zuteil wurde. Die Erziehung, die Platon in der *Politeia* und in den *Nomoi* fordert, dürfte daher weitgehend auf Erinnerungen zurückgehen.

In der ersten Phase der Erziehung lauscht das Kind den Märchen, die Frauen ihm erzählen: *Du verstehst nicht, sagte ich, daß wir den Kindern zuerst Märchen erzählen? ... Zuerst also, wie es scheint, müssen wir Aufsicht führen über die, welche Märchen und Sagen dichten, und welches Märchen sie gut gedichtet haben, dieses einführen ... die eingeführten aber wollen wir Wärterinnen und Mütter überreden den Kindern zu erzählen, um so noch weit sorgfältiger die Seele durch Erzählungen zu bilden, als mit ihren Händen den Leib.* (*Politeia* 377 a–c / III, 113–114.)

Darauf folgt die musische und gymnastische Erziehung. In ihr spielen die Werke der Dichter, ganz besonders die Homers, eine tragende Rolle. Zahllose Homer-Zitate, aber auch viele Zitate anderer Dichter, zeigen, wie vertraut Platon mit den Dichtern war, und das heißt für die damalige Zeit natürlich, daß er sie auswendig kannte. In der *Politeia* betont Platon ausdrücklich, daß ihm die Liebe zu Homer aus der Kindheit gekommen sei: *Ich muß mich wohl erklären, sprach ich, wiewohl eine Liebe und Scheu, die ich von Kindheit an für den Homeros hege, mich hindern will zu reden.* (Politeia 595 b / III, 288.)

Und kurz darauf heißt es von der Dichtkunst Homers: ... *wegen der Liebe, die wir früher vermöge unserer Erziehung in so trefflichen Staaten zu dieser Dichtung hegten ...* (Politeia 607 e / III, 299.)

Zwar spricht Sokrates – wie immer bei Platon – diese Worte, aber es kann kein Zweifel darüber bestehen, daß sie ebenso für Platon gelten, wenn sie sich nicht überhaupt im eigentlichen Sinne auf ihn beziehen.

Die Gymnastik, die zur musischen Beschäftigung hinzutritt, geht allmählich unmerklich in kriegerische Übungen über: *Nächst der Musik aber müssen wir unsere Jünglinge durch Gymnastik erziehen ... Also einer auserleseneren Übung, sprach ich, werden unsere kriegerischen Kämpfer bedürfen, da sie ja wie die Hunde notwendig wachsam sein müssen ...* (Politeia 403 c–404 a / III, 135–136.)

Diesem aus den Dialogen gewonnenen Bild der Erziehung in Athen zur Zeit Platons entspricht durchaus dasjenige, das Diogenes Laertios, vermutlich nach den ihm vorliegenden Quellen, gibt. Er er-

Ringkämpfer. Darstellung auf einer attischen Schale des frühen 5. Jhs. v. Chr. London, British Museum

zählt, Platon habe Unterricht in der Grammatik bei Dionysios, in der Gymnastik bei dem argivischen Ringmeister Ariston gehabt. Er habe sowohl die Malerei als auch die Dichtkunst betrieben, und zwar habe er zuerst Dithyramben und später Lieder und Tragödien verfaßt. Bei einem der Wettbewerbe in Athen, bei denen jeweils drei Tragödien aufgeführt wurden, habe sich Platon ursprünglich beteiligen wollen. Auf die Mahnung des Sokrates hin aber, so erzählt Diogenes Laertios, habe er seine Dichtungen vor dem Dionysos-Theater mit den folgenden, abgewandelten Worten aus der «Ilias» verbrannt: «Eile, Hephaist, zum Platon herbei, der deiner bedürftig.» (D. L. III, 5.)

Diogenes Laertios berichtet auch, daß Platon an drei Feldzügen teilgenommen habe (III, 8), worüber sich in den Schriften Platons freilich kein Hinweis findet. Da Platon aber sowohl die Tapferkeit des Sokrates als auch die seiner Brüder Glaukon und Adeimantos rühmt, darf man wohl annehmen, daß er selbst sich nicht anders verhalten hat, so daß der Bericht des Diogenes Laertios glaubwürdig zu sein scheint.

Die Begegnung mit Sokrates

Wir haben den Bericht des Diogenes Laertios über den Traum des Sokrates an den Anfang gestellt. Man darf wohl annehmen, daß die Erzählung eines Traums im 19. Jahrhundert als unglaubwürdig, bestenfalls als belanglos angesehen worden ist. Die wichtigen Einsichten in das Wesen des Traums, die in unserem Jahrhundert gewonnen wurden, lassen uns heute ganz anders darüber denken. Uns gilt dieser Traum als aufschlußreich und wichtig; nach unserer heutigen Auffassung wäre er erst dann unglaubwürdig, wenn man nachgewiesen hätte, daß es sich um eine spätere Erfindung handelt.

Zu welchem Zeitpunkt ist Sokrates in das Leben Platons getreten? Aus der Angabe in der Traumerzählung: «. . . und tags darauf sei ihm Platon vorgeführt worden» (D. L. III, 5; s. a. oben), muß man auf ein sehr frühes Datum schließen, denn diese Angabe läßt sich nur so verstehen, daß Platon zu jener Zeit noch unter der üblichen Aufsicht eines Sklaven stand. Diese Sklaven trugen damals den Titel «Pädagoge», ein Terminus, der sich zwar erhalten, aber eine Aufwertung erfahren hat. Die Sklaven, die als «Pädagogen» die Knaben begleiteten, waren eine feste Einrichtung des Erziehungswesens in Athen, und verständlicherweise spricht Platon oft von ihnen. Im Dialog *Lysis* finden wir eine anschauliche Schilderung der «Knabenführer». Sokrates fragt den jungen Lysis: *Sondern es regiert dich einer? – Hier der Knabenführer, sprach er. – Ist der auch ein Knecht? – Was sonst? Unserer wenigstens. – Gewiß, sagte ich, das ist arg, daß du, ein Freier, von einem Knechte regiert wirst! Was tut aber eigentlich dieser Knabenführer, daß er dich regiert? – Er führt mich eben zum Lehrer.* (*Lysis* 208 c / II, 189.) Zum Schluß des Dialogs treten die Knabenführer nochmals in Erscheinung:

Marmorstatuette des Sokrates. Kopie nach einem Original des 2. Jhs. v. Chr. London, British Museum

Da kamen aber eben wie schlimme Geister die Knabenführer herbei, der des Menexenos sowohl als der des Lysis, mit deren Brüdern an der Hand, und riefen sie ab, sie sollten nach Hause gehen, denn es war schon spät. Zuerst zwar wollten wir und die Umstehenden sie forttreiben; da sie sich aber nicht um uns kümmerten, sondern in sehr schlechtem Hellenisch brummten und schalten und doch immer wieder riefen: so glaubten wir, zumal sie an den Hermaien ein wenig mochten getrunken haben, daß nichts mit ihnen würde auszurichten sein; und lösten, gezwungen von ihnen, die Gesellschaft auf. (*Lysis* 223 a–b / II, 202.)

Versteht man die oben zitierte Bemerkung aus dem Traum des Sokrates von der Funktion der Knabenführer her, dann dürfte Platon etwa zwölf bis vierzehn Jahre alt gewesen sein, als er auf diese Weise den Sokrates kennenlernte. Dies ist auch wirklich höchst plausibel, denn es muß wohl als ausgeschlossen gelten, daß der junge Platon den stadtbekannten Sokrates, der auf allen Straßen, Märkten und Sportplätzen Athens zu Hause war, nicht kennengelernt haben sollte. Von hier her muß man auch Dialoge wie den *Charmides* und den *Lysis* verstehen. Es handelt sich dabei um Gespräche des Sokrates mit Knaben aus vornehmen athenischen Familien, in die er, wie der Traum es zum Ausdruck bringt, auch den jungen Platon hineingezogen hat. Man kann also annehmen, daß in solchen Dialogen wie dem *Charmides* und dem *Lysis* viele autobiographische Züge stecken.

Andererseits muß man berücksichtigen, daß Diogenes Laertios die entscheidende Begegnung ausdrücklich sehr viel später datiert: «Von da ab – er war zwanzig Jahre alt – war er ununterbrochen des Sokrates Hörer.» (D. L. III, 6.)

Zwischen diesen beiden Angaben braucht kein Gegensatz zu bestehen. Platon kann durchaus Sokrates sehr früh kennengelernt haben, und es ist wahrscheinlich, daß Sokrates ihn in derselben Weise in ein Gespräch verwickelt hat wie – wenn wir den Dialog *Charmides* als ein historisches Dokument ansehen dürfen – eine Generation früher den jungen Charmides. Damit ist es durchaus vereinbar, daß ein entschiedenes Lehrer-Schüler-Verhältnis sich erst später entwikkelt hat, als Platon 20 Jahre alt war, also etwa im Jahre 407, acht Jahre vor dem Tod des Sokrates. Dieses Verhältnis zu Sokrates hätte dann für Platon bis in sein 28. Lebensjahr hinein bestanden, und eine Angabe im folgenden Kapitel wird die Richtigkeit dieses Datums bestätigen.

Dafür, daß die Beziehung zwischen Sokrates und Platon nur wenige Jahre bestand, spricht nämlich auch die Selbstdarstellung Platons im *Siebenten Brief*. Am Anfang dieses Briefes schildert Platon seine politische Einstellung bis zur Begegnung mit Sokrates.

Es muß für ihn als hochbegabten Sohn einer vornehmen athenischen Familie selbstverständlich gewesen sein, seine Lebensaufgabe in der politischen Arbeit für seine Vaterstadt zu sehen. Das betont er auch ausdrücklich zu Beginn des Briefes: *Dereinst, als ich noch jung war, ging es mir ebenso wie vielen. Ich war gesonnen, sobald ich zur Selbständigkeit gelangt sein würde, sogleich zur Teilnahme an den öffentlichen Angelegenheiten mich anzuschicken.* (*Siebenter Brief* 324b / I, 302.)

Im Jahre 404 schien sich eine Gelegenheit dafür zu bieten. Der Peloponnesische Krieg hatte die Niederlage Athens zur Folge. Unter dem Schutz der Spartaner übernahmen 30 athenische Aristokraten die Herrschaft in der Stadt, unter ihnen Kritias, der Vetter von Platons Mutter, sowie Charmides, ihr Bruder: *Nun traf es sich, daß von diesen einige mir verwandt und bekannt waren; diese forderten mich alsbald auf, an den Staatsgeschäften als etwas mir Zukommendem mich zu beteiligen.* (*Siebenter Brief* 324d / I, 302.)

Zunächst setzte Platon große Hoffnungen auf diese Herrschaft der Dreißig, doch bald erkannte er, daß sie sich nicht erfüllten. Zu dieser Erkenntnis muß die Behandlung des Sokrates durch die neue Regierung in besonderem Maße beigetragen haben: *Da ich nun aber sah, daß diese Männer in kurzer Frist die frühere Verfassung als eine goldene erscheinen ließen, unter anderm einen mir befreundeten älteren Mann, den Sokrates, den ich fast unbedenklich für den gerechtesten aller damals Lebenden erklären möchte, nebst andern nach einem Bürger aussandten, um diesen mit Gewalt seiner Hinrichtung entgegenzuführen, damit jener, ob er nun wolle oder nicht, bei ihrem Tun sich beteilige; er aber gab ihnen kein Gehör und setzte sich lieber der äußersten Gefahr aus, als daß er an ihrem frevelhaften Treiben teilnahm; – da ich das alles sowie noch manches dem*

Ähnliche von nicht geringer Bedeutung sah, da erfüllte es mich mit Unwillen, und ich selbst zog mich von dem damaligen schlechten Regimente zurück. (*Siebenter Brief* 324 d–325 a / I, 302.)

Im Jahre 401 kehrten die Demokraten nach Athen zurück. Bei den Kämpfen fielen Kritias und Charmides. Platon begann von neuem zu hoffen: *Nicht lange darauf erlitt aber die Herrschaft der Dreißig und die ganze damalige Staatsverfassung einen Umsturz. Nun fühlte ich wieder, obwohl in langsamerer Entwicklung, die Begierde, bei den gemeinsamen und öffentlichen Angelegenheiten mich zu beteiligen; doch auch hier geschah, der eingetretenen Verwirrung zufolge, gar manches, was jemandes Unwillen erregen konnte, und es war nicht zu verwundern, wenn, bei mancher Veränderung, ihre Rache an ihren Feinden das rechte Maß überschritt, obschon die damals Zurückgekehrten mit vieler Mäßigung verfuhren.* (*Siebenter Brief* 325 a–b / I, 302–303.)

399 vollzog sich dann das Geschehen, das Platons Verhältnis zu seiner Vaterstadt endgültig zerstörte: *Unglücklicherweise zogen einige Gewalthaber wieder unsern schon erwähnten Freund, den Sokrates, vor Gericht, indem sie eines großen, am allerwenigsten dem Sokrates zuzutrauenden Frevels ihn ziehen: denn die einen klagten der Gottlosigkeit ihn an, die andern erkannten ihn für schuldig und richteten einen Mann hin, der zuvor an dem frevelhaften Verfahren gegen einen ihrer damals, als das Unglück der Verbannung sie selbst betroffen hatte, vertriebenen Freunde nicht hatte teilnehmen wollen.* (*Siebenter Brief* 325 b–c / I, 303.)

In der *Politeia* schildert Platon die Situation eines jungen Mannes, der nach allgemeinem Urteil für die Staatsgeschäfte bestimmt ist, sich aber der Philosophie zuwendet: *Was glaubst du nun, sprach ich, daß ein solcher unter solchen tun werde, zumal wenn er sich in einer angesehenen Stadt findet und in dieser reich und edel ist und dazu groß und wohlgebaut? Wird er nicht mit unbegrenzten Hoffnungen sich anfüllen und sich für tüchtig halten, der Hellenen und der Barbaren Angelegenheiten zu leiten, und sich deshalb übermäßig erheben, von leerer Einbildung und Ansehen ohne Einsehen aufgeblasen? – Gar sehr, sagte er. – Wenn nun einem so Gestimmten einer ganz bescheiden sich naht und ihm die Wahrheit sagt, daß Einsehen und Vernunft nicht in ihm ist, deren er doch bedarf, und daß diese nicht zu erwerben ist, wenn man nicht dienen will um den Besitz: glaubst du, er werde, von so großen Übeln umgeben, gar bereitwillig sein, dergleichen anzuhören? – Weit gefehlt wohl! sprach er. – Und wenn nun auch einer, sprach ich, vermöge seiner guten Natur und seiner Verwandtschaft mit diesen Reden irgend darauf merkt und umgewendet und zur Philosophie hingezogen wird, was, sollen wir glauben, werden jene beginnen, die nun glauben müssen, seine Dienste und Genossenschaft zu verlieren? Werden sie nicht alles mögliche reden und tun, sowohl gegen ihn, damit er ja nicht folge, als auch dem, der ihn überredet, damit es ihm ja nicht gelinge, sowohl für sich nachstellen als ihm vor dem Volke Kampf ansagen? – Ganz notwendig, sagte er. – Ist es nun wohl möglich, daß ein solcher ein Philosoph werde? – Freilich nicht.* (*Politeia* 494 c–495 a / III, 208–209.)

Man hat diese Stelle der *Politeia* auf Alkibiades bezogen, aber mir scheint, daß sie ebensogut auf Platon selbst paßt, also eine autobiographische Notiz darstellt. Den verwöhnten Jüngling, der für eine wichtige Rolle im Staatswesen bestimmt ist, und dem Angehörige und Mitbürger schon jetzt, in Vorwegnahme seiner künftigen Macht, schmeicheln, trifft der Anruf des Philosophen, der sich ihm bescheiden naht und ihm die Wahrheit vor Augen führt. Daß mit dem Philosophen Sokrates gemeint ist, daran zweifelt niemand. Die Anschauung des jungen Mannes wird umgewendet, er wird zur Philosophie hingezogen. Seine Angehörigen und Mitbürger freilich sind entsetzt. Sie reden auf den Angerufenen ein und beginnen den Anrufer zu verfolgen. Wie leicht läßt sich diese lebendige Schilderung autobiographisch verstehen, zumal sie sich gut mit unseren zeitlichen Bestimmungen vereinbaren läßt; danach hätte der Anruf der Philosophie den etwa zwanzigjährigen Platon getroffen.

Versucht man zu erklären, worin dieser Anruf durch Sokrates bestanden und welche Bedeutung er für Platon gehabt hat, so kann man nur antworten: Der Einfluß, den Sokrates auf Platon ausübte, war so groß, daß Platons gesamtes Werk eigentlich das des Sokrates ist. Von daher wird verständlich, warum in allen Dialogen – bis auf einige ganz späte – Sokrates das Gespräch führt. Dabei ist es nun aber nicht so, daß alles, was Sokrates in den Platonischen Dialogen sagt, als Darstellung seiner Meinung verstanden werden kann; vielmehr läßt Platon in manchen Dialogen seine eigene Meinung von Sokrates vortragen.

Wollen wir auseinanderhalten, in welchen Dialogen Sokrates für sich selbst spricht und in welchen er die Auffassung Platons wiedergibt, so müssen wir drei Gruppen von Dialogen unterscheiden, die frühen, die mittleren und die späten. Nur die frühen Dialoge können als Darstellung der Aussagen des historischen Sokrates verstanden werden; was er dagegen in den mittleren und späten vorträgt, ist im wesentlichen die Philosophie Platons. Worin bestand nun aber die Wirkung des Sokrates auf Platon, wenn wir uns nach dem Bild richten, in dem er uns in den frühen Dialogen entgegentritt? Gewiß, er hat ihn in eine neue Richtung, zur Philosophie, gezogen, aber was war es eigentlich, was Platon an Sokrates so sehr beeindruckte?

Zwei Brennpunkte sind es, von denen diese Wirkung ausstrahlt: das sokratische Nichtwissen und der sokratische Logos. Das sokratische Nichtwissen zeigt sich darin, daß fast alle Platonischen Dialoge ohne positives Ergebnis enden. Charakteristisch für diese Schlußform ist, was Sokrates gegen Ende des *Laches* sagt: *Wir haben also nicht gefunden, o Nikias, was die Tapferkeit ist? – Wir scheinen nicht.* (*Laches* 199 e / I, 174.)

Wonach auch immer in einem sokratischen Gespräch gefragt werden mag, das Gespräch endet stets mit dieser Einsicht, das Gefragte könne nicht beantwortet werden. Die Bedeutung dieses Nichtwissens

Bildnis des Alkibiades.
Römische Marmorkopie in Kopenhagen, Ny Carlsberg Glyptothek

ist in der *Apologie* zusammengefaßt. Chairephon hatte das Orakel in Delphi befragt, ob jemand weiser sei als Sokrates, und das Orakel hatte geantwortet, niemand sei weiser. Diese Überlegenheit des Sokrates aber besteht darin, daß er weiß, daß er nichts weiß, während die anderen etwas zu wissen glauben: *Indem ich also fortging, gedachte ich bei mir selbst, als dieser Mann bin ich nun freilich weiser. Denn es mag wohl eben keiner von uns beiden etwas Tüchtiges oder Sonderliches wissen; allein dieser meint etwas zu wissen, obwohl er nicht weiß, ich aber, wie ich eben nicht weiß, so meine ich es auch nicht. Ich scheine also um dieses wenige doch weiser zu sein als er, daß ich, was ich nicht weiß, auch nicht glaube zu wissen.* (*Apologie* 21 d / I, 13.)

Nun ist freilich Platon in der Ideenlehre zu festen Bestimmungen gekommen, und wir werden darüber noch zu berichten haben. Aber auch die apodiktischen Aussagen der Ideenlehre müssen immer vom sokratischen Nichtwissen her gesehen werden. In diesem Sinn fordert Platon diejenigen, die genau wissen, was das Sein ist, auf: *Da nun wir keinen Rat wissen, so macht doch ihr selbst uns recht anschaulich, was ihr denn andeuten wollt, wenn ihr «Seiendes» sagt. Denn offenbar wißt ihr doch dies schon lange, wir aber glaubten es vorher zwar zu wissen, jetzt aber stehen wir ratlos.* (*Sophistes* 244 a / IV, 216.)

Ein weiterer wichtiger Faktor, von dem eine große Wirkung auf Platon ausging, ist der sokratische Logos. Was wir darunter zu verstehen haben, machen zwei Forderungen deutlich:

1. Jeder gebrauchte Begriff muß genau bestimmt werden.

Aristoteles hat mit Recht gesagt, es sei das wesentliche Ziel des Sokrates gewesen, jeden Begriff genau zu bestimmen, beziehungsweise zu definieren, wie man in einem gewissen Sinn auch sagen könnte. Aber da erst Aristoteles die logischen Möglichkeiten der Definition ausgebildet hat, wird man hier besser den etwas allgemeineren Ausdruck «bestimmen» verwenden. Platon geht nun insofern über Sokrates hinaus, als er den Umfang der zu bestimmenden Begriffe wesentlich erweitert. Sokrates war es nur um die ethischen Begriffe gegangen, um die Tapferkeit, die Frömmigkeit etc., Platon richtet seinen Blick auch auf das Theoretische, auf die Wissenschaft, auf das Sein als solches.

2. Jeder behauptete Satz muß genau begründet werden.

So sagt Sokrates kurz vor seinem Tode im Gespräch mit Kriton, dem alten, vertrauten Freund: *Denn nicht jetzt nur, sondern schon immer habe ich ja das an mir, daß ich nichts anderem von mir gehorche als dem Satze, der sich mir bei der Untersuchung als der beste zeigt.* (*Kriton* 46 b / I, 38.)

Es ist dieser mächtige, von Sokrates kommende Einfluß des Logischen, der Platon zum Begriff und zur Konstituierung der Wissenschaft führt, die eine der formenden Kräfte unseres Lebens geworden ist.

Aber die Wirkung dieser starken Elemente wird noch übertroffen von der Persönlichkeit des Sokrates. Das *Symposion* schließt mit der Lobrede des Alkibiades auf Sokrates, doch die Worte, die Platon ihn hier sprechen läßt, könnte er sicher auch selber gesprochen haben: *Hört aber einer dich selbst oder von einem andern deine Reden vorgetragen, wenn auch der Vortragende wenig bedeutet, sei es nun Weib oder Mann, wer sie hört, oder Knabe, alle sind wir wie außer uns und ganz davon hingerissen. Ich wenigstens, ihr Männer, wenn ihr dann nur nicht glauben wolltet, daß ich ganz und gar betrunken wäre, wollte es euch auch mit Schwüren bekräftigen, was mir selbst dieses Mannes Reden angetan haben und noch jetzt antun. Denn weit heftiger als den vom Korybantentanz Ergriffenen pocht mir, wenn ich ihn höre, das Herz, und Tränen werden mir ausgepreßt von seinem Re-*

den; auch sehe ich, daß es vielen andern ebenso ergeht. (*Symposion* 215 d–e / II, 243.)

Entsprechend charakterisiert Platon den Sokrates auch im *Siebenten Brief*: ... *einen mir befreundeten älteren Mann, den Sokrates, den ich fast unbedenklich für den gerechtesten aller damals Lebenden erklären möchte* ... (*Siebenter Brief* 324 d–e / I, 302.)

Die Schlußworte des *Phaidon* bringen dann die ergreifende Huldigung: *Dies, o Echekrates, war das Ende unseres Freundes, des Mannes, der unserm Urteil nach von den damaligen, mit denen wir es versucht haben, der trefflichste war, und auch sonst der vernünftigste und gerechteste.* (*Phaidon* 118 a / III, 66.)

Die Reisen – Syrakus

Diogenes Laertios berichtet – und er bezieht sich dabei ausdrücklich auf Hermodor als Quelle –, daß Platon im Alter von 28 Jahren, also nach dem Tode des Sokrates, mit manchen anderen Sokratikern nach Megara zu Eukleides, dem Philosophen, entwichen sei. Darauf habe er in Kyrene den Mathematiker Theodoros besucht und in Italien die Pythagoreer Philolaos und Eurytos. Schließlich sei er nach Ägypten zu den «Propheten» gereist. Im Verlauf seiner Darstellung handelt Diogenes Laertios dann ausführlich von den drei Reisen Platons nach Syrakus (D. L. III, 6).

Über diesen Reisebericht des Diogenes Laertios sowie über die von ihm angegebenen Quellen hat es viele Meinungsverschiedenheiten unter den Sachkennern gegeben. Ich nehme mit Wilamowitz-Moellendorff an, daß der Bericht im wesentlichen auf Tatsachen beruht. Zunächst ist es durchaus verständlich, daß Platon nach dem Tod des Sokrates, wie auch andere Sokrates-Schüler, nicht länger in Athen geblieben ist; sei es, daß es einfach über seine Kräfte ging, sei es, daß er weitere Verfolgungen zu fürchten Grund hatte. Zudem ist verständlich, daß er als erstes in das nahe gelegene Megara zu dem befreundeten Sokrates-Schüler Eukleides ging. Dieser hatte nach *Phaidon* (59 c / III, 12) an den Gesprächen am Todestag teilgenommen. Im Dialog *Theaitetos* ehrt Platon ihn dadurch, daß er ihn zum Diskussionspartner macht. Theodoros, dem – wenn wir den Angaben des Diogenes Laertios glauben dürfen – die Reise nach Kyrene galt, war Mathematiker. Er nimmt an den Dialogen *Theaitetos* und *Sophistes* teil, und zu Beginn des *Theaitetos* wird ausdrücklich auf seine mathematischen Entdeckungen verwiesen. Für den Aufenthalt in Ägypten sprechen die zahlreichen Hinweise in den Dialogen auf dieses Land. Daß Platon auch die Pythagoreer aufgesucht hat, ist selbstverständlich, und der spätere Aufenthalt bei Archytas ist in den Briefen ausdrücklich bezeugt.

Diogenes Laertios berichtet auch von einem Besuch der Olympischen Spiele (D. L. III, 25), und die häufigen Erwähnungen Olympias und der Spiele machen diese Angabe glaubwürdig.

Die großen Reisen, die Platon unternommen hat, veranschaulichen den wesentlichen Unterschied zwischen ihm und Sokrates, der ganz und gar ein Mann der Stadt Athen war. Für ihn war selbst ein Spaziergang vor die Tore der Stadt schon ungewöhnlich, und verlassen hat er sie offenbar nur, wenn die Bürgerpflicht ihn zu einem Feldzug rief. Platon dagegen ist auch ein Mann Großgriechenlands, ein Mann des Mittelmeers – heute würden wir sagen ein Mann der großen Welt.

Die größte Bedeutung unter allen Reisen, die Platon unternommen hat, haben unzweifelhaft die drei Reisen nach Syrakus. Um sie ermessen zu können, muß man sich die Lage Siziliens zu jener Zeit vor Augen führen:

Wann die Wanderungen der Griechen nach Sizilien begonnen ha-

Olympia. Blick von der Schatzhausterrasse auf den Tempel der Hera

ben, weiß man nicht; die ersten sicheren Zeugnisse stammen aus dem 8. Jahrhundert. Es entsteht eine Reihe blühender griechischer Städte: in der zweiten Hälfte des 8. Jahrhunderts Naxos, Messene (heute Messina), Syrakus, Leontinoi (heute Lentini), Megara Hyblaia, Katane (heute Catania), im 7. Jahrhundert Gela und Selinus (heute Selinunte) und um 580 Akragas (heute Agrigento). Im 6. Jahrhundert beginnen die Auseinandersetzungen mit Karthago, das sich im Westen der Insel festgesetzt hatte. Im Jahre 480 schlagen Gelon von Syrakus und Theron von Akragas die Karthager entscheidend bei Himera. Syrakus erhält den Vorrang vor den griechischen Städten Siziliens, besonders nachdem es dem Heer der Syrakusaner unter Hermokrates von 415 bis 413 gelungen war, den Angriff des athenischen Heeres zurückzuschlagen und es zu vernichten. Bald darauf beginnen die Angriffe der Karthager erneut, sie erobern die westlichen Städte, insbesondere Akragas, das sie zerstören (406). Als sie auch Syrakus bedrängen, wählen die Syrakusaner einen jungen Offizier zum Feldherrn, der sich noch im selben Jahr (405) zum Tyrannen von Syrakus macht. Als Dionysios I. herrscht er bis zu seinem Tode im Jahre 367. In der Auseinandersetzung mit Karthago weiß er kriegerische Mittel geschickt mit diplomatischen zu verbinden, wenn auch manchmal auf hinterhältige Weise. Jedenfalls erreicht er, daß der Machteinfluß Karthagos auf den Westen der Insel beschränkt bleibt. In seinem Reich herrscht er oft mit blutigen und grausamen Methoden; die Hinrichtung von Verwandten und Freunden zum Beispiel gilt ihm als erlaubtes politisches Mittel. Auch scheut er nicht die Zerstörung griechischer Städte, wie zum Beispiel von Naxos (403), das noch heute in Trümmern liegt, während ihre Bewohner eine neue Stadt, Tauromenion (heute Taormina) nicht weit von der zerstörten aufbauten. Eine bedeutende Rolle in Syrakus spielte auch Dion: er ist der Bruder der Aristomache, einer zweiten Ehefrau von Dionysios I., und zugleich der Gatte einer Tochter aus dieser Ehe. Er gerät in Konflikt mit Dionysios II., einem Sohn von Dionysios I. aus seiner Ehe mit Doris, die dieser zugleich mit Aristomache geheiratet hatte. Dionysios II. übt nach dem Tode seines Vaters die tyrannische Herrschaft über Syrakus weiter aus, und der Konflikt Dions mit ihm führt dazu, daß Dion 366 die Stadt verlassen muß. Er geht nach Athen, sammelt dort – offenbar auch im Kreise der Akademie – Anhänger, bildet mit ihnen eine Streitmacht und zieht in den Kampf gegen Dionysios II. 357 erobert er zunächst die Stadt Syrakus, später auch die Burg. Im Jahre 354 wird Dion auf Befehl von Kallippos, einem Freund und Waffengefährten, der offenbar auch Schüler der Platonischen Akademie war, ermordet. Nach Jahren der Anarchie übernimmt Dionysios II. 347 ein zweites Mal die Herrschaft in Syrakus, wird jedoch drei Jahre später durch Timoleon von Korinth, der eine Demokratie einrichtet, erneut vertrieben. Über die Lage vor der zweiten Machtübernahme Dionysios' II. gibt Platon folgenden Bericht: *Jetzt herrscht über euch und zumeist auch über die euch, seit der Krieg ausbrach, Verfeindeten fortwährend eine Sippschaft, denen dereinst eure Väter die Herrschaft damals übertrugen, als die größte Gefahr über den von Hellenen bewohnten Teil Siziliens kam, er möge ganz, von den Karchedoniern aus seinen Wohnsitzen vertrieben, dem Barbarentum anheimfallen. Damals wählten sie nämlich, wie man sagt, zur Rettung Siziliens den Dionysios, als einen jungen kriegslustigen Mann, zu den ihm angemessenen kriegerischen Unternehmungen, zu seinem Ratgeber und älteren Beistand aber den Hipparinos, und zwar mit unumschränkter Gewalt, indem sie ihnen den Namen Tyrannen beilegten. Und ob nun jemand annimmt, daß göttliche Fügung und ein Gott oder daß die Tüchtigkeit der Herrschenden oder auch beides, unterstützt durch den Beistand der damaligen Bürger, die Rettung herbeiführte, das bleibe dem Dafürhalten eines jeden anheimgestellt; Rettung erfolgte fürwahr durch das, was damals sich begab. Bei solchem Verlauf der Dinge also mußten von Rechts wegen alle denen, die sie retteten, es Dank wissen. Hat aber in der folgenden Zeit die Gewaltherrschaft nicht den rechten Gebrauch von dem vom Staate ihr Verliehenen gemacht, so hat sie zum Teil dafür gebüßt, teils büße sie noch.* (*Achter Brief* 353 a–c / I, 327.)

Schließlich geraten die griechischen Städte Siziliens endgültig in die Auseinandersetzung zwischen Rom und Karthago. Im ersten Punischen Krieg erobern die Römer ganz Sizilien mit Ausnahme des Reiches von Syrakus, im zweiten erobern sie im Jahre 212 auch diese Stadt. Die gleichzeitig von Westen und Norden drohende Gefahr hat schon Platon gesehen: . . . *und ganz Sizilien, wenn etwas von dem geschehen sollte, was wahrscheinlich, aber unerwünscht ist, der griechischen Sprache fast verlustig geht, indem es seinen jetzigen Zustand mit einer Herrschaft und Obmacht der Phöniker oder Optiker vertauscht.* (*Achter Brief* 353 e / I, 328.)

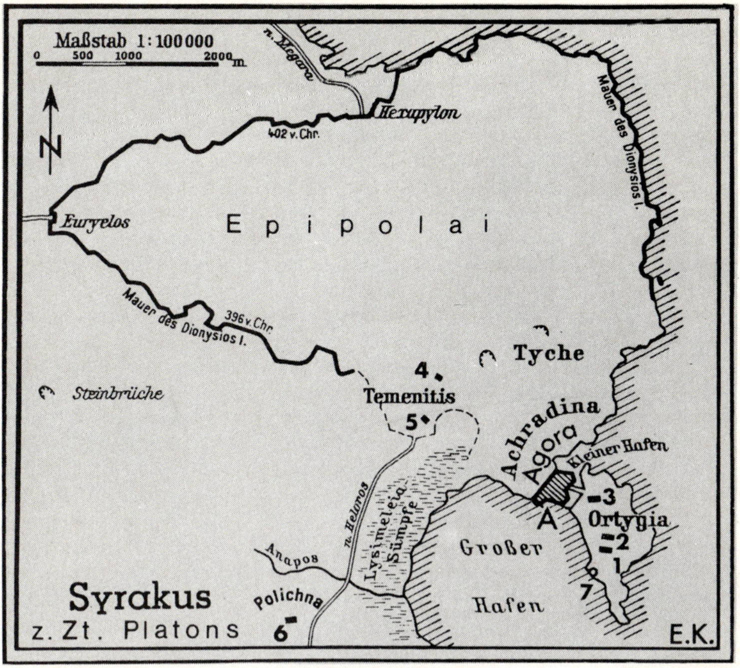

Syrakus zur Zeit Platons: 1. Athenatempel (Dom). 2. Reste eines ionischen Tempels (unterm Rathaus). 3. Apollontempel. 4. Heiligtum des Apollon Temenites. 5. Heiligtum der Demeter. 6. Tempel des Olymp. Zeus. 7. Arethusa-Quelle. 8. Stelle von Dionysios' Palast (Entwurf: E. Kirsten)

In diese wechselvolle Geschichte fallen nun drei Reisen Platons nach Syrakus. Das Datum der ersten sizilischen Reise gibt Platon selbst an. Er sagt am Anfang des *Siebenten Briefes*: *Als ich nämlich, in einem Alter von fast vierzig Jahren, zuerst nach Syrakusai kam ...* (*Siebenter Brief* 324 a / I, 302.)

Nach dieser Angabe müßte Platon also etwa 389/388 zum erstenmal dort gewesen sein. Auch das Ziel dieser Reise läßt sich aus Platons eigenen Angaben erschließen: *In dieser Überzeugung* (vgl. 325 c bis 326 b) *begab ich mich, als es zum erstenmal geschah, nach Italien und Sizilien.* (*Siebenter Brief* 326 b / I, 303.)

Diese Bemerkung kann man doch wohl nur so verstehen, daß das erste Ziel dieser Reise Unteritalien mit seinen Griechenstädten war, wo er Kontakt zu den Pythagoreern aufnehmen wollte. Von diesen Städten hat Platon ohne Zweifel in erster Linie Tarent aufgesucht, wo damals Archytas, der bedeutende pythagoreische Philosoph und Mathematiker, eine wichtige politische Rolle spielte. Mit ihm hat Pla-

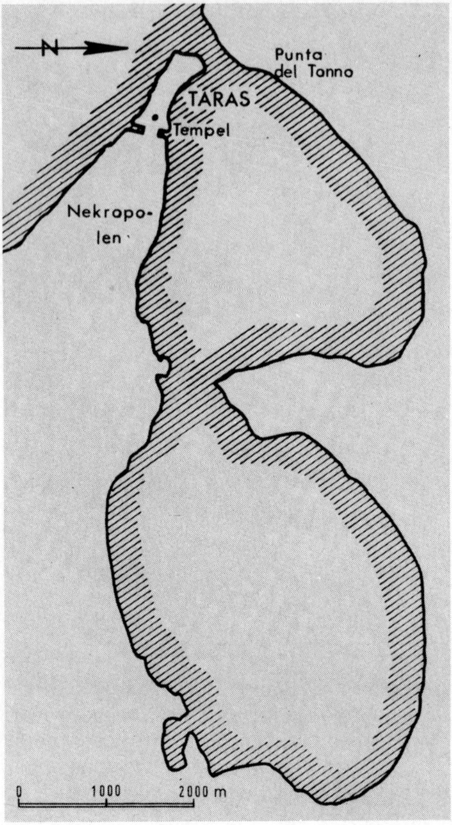

Tarent im Altertum (Entwurf: E. Kirsten)

ton Freundschaft geschlossen, und die starken pythagoreischen Einflüsse in seiner Philosophie gehen gewiß auch auf diese Freundschaft zurück. Die Namen «Archytas» und «Tarent» erscheinen wiederholt in Platons Schriften und Briefen. Ob der an Archytas gerichtete *Neunte Brief* – übrigens ein kurzer und unwichtiger – echt ist, bleibt noch strittig. Mit Archytas hatte Platon nicht nur selbst Freundschaft geschlossen, er hatte zudem eine Verbindung zwischen Archytas und Dionysios II. bewirkt: – *denn bevor ich abreiste, hatte ich eine gastliche Verbindung und Freundschaft zwischen Archytas und denen in Tarentum und zwischen Dionysios vermittelt* ... (*Siebenter Brief* 338 c–d / I, 314.)

In den *Nomoi* findet sich eine Erinnerung an die Ausgelassenheit bei den Dionysien in Tarent: ... *ja, nicht einmal das Vorschützen der Dionysosfeier dürfte diesen davon befreien: gleichwie ich einmal bei euch auf den Karren und zu Tarent, bei unsern Ansiedlern, die ganze Stadt in den Tagen des Dionysienfestes berauscht sah ...* (*Nomoi* 637 b / VI, 22.)

Von Tarent aus scheint Platon den Landweg benutzt zu haben, denn er sagt ausdrücklich, daß er seine Wanderung bis nach Syrakus fortgesetzt habe (vgl. *Siebenter Brief* 326 d / I, 304). Dann dürfte er als nächstes nach Lokri gekommen sein, von wo Timaios, der Hauptsprecher des nach ihm benannten Dialogs, stammt: *Denn unser Timaios da, aus Lokris ...* (*Timaios* 20 a / V, 146.)

Ob Platon auf seiner Wanderung den Timaios noch persönlich kennengelernt hat, ist fraglich. Im *Timaios*, den Platon etwa in das Jahr 420 gelegt hat, schildert er ihn als einen Mann von ansehnlichem Alter. Von daher gesehen ist es also wenig wahrscheinlich, daß Timaios in den Jahren 389/388 noch gelebt hat; aber seine Wirkung war in Lokri gewiß noch spürbar. Die vielfachen Bezüge der Platonischen Dialoge zur pythagoreischen Denkweise sind sicherlich auch auf die Reise nach Lokri zurückzuführen.

Anschließend muß Platon die Meeresenge von Messina, die als Skylla und Charybdis bezeichnet und mehrmals von ihm erwähnt wird, überquert haben. Im *Phaidon* spricht er von den Lavaströmen des Ätna. Gewiß hat er sich, als er am Fuße des Ätna vorbeizog, diesen Anblick nicht entgehen lassen: ... *wie in Sizilien die vor dem Feuerstrome sich ergießenden Ströme von Schlamm und der Feuerstrom selbst.* (*Phaidon* 111 d–e / III, 60.)

Schließlich führt der Weg durch die Griechenstädte der sizilischen Ostküste nach Syrakus. Dort stand zu dieser Zeit Dionysios I. auf

Stater aus Tarent (380–345)

Syrakus. Zwei Türme der westlichen Mauer

der Höhe seiner Macht. Eine eigentliche Einladung scheint nicht vorgelegen zu haben. Aber Dionysios, dessen Machtstellung fest begründet war, versuchte, Philosophen und Künstler nach Syrakus zu ziehen, um seiner Stellung weit ausstrahlenden Glanz zu geben. So wird ihm Platon, der nicht nur das Mitglied einer vornehmen athenischen Familie war, sondern sich auch bereits als Philosoph ausgezeichnet hatte – eine Reihe von Dialogen war wohl schon erschienen –, hochwillkommen gewesen sein. Die Beziehungen zwischen Platon und dem etwa gleichaltrigen Dionysios sind wohl nicht ohne Spannungen verlaufen, das luxuriöse Leben in den griechischen Kolonialstädten und besonders in Syrakus war nicht Platons Sache: *Als ich dorthin kam, sagte mir das, was man dort bei reichlichen italischen und sizilischen Leckereien ein glückliches Leben nennt, keineswegs und in keiner Weise zu, dahinzuleben, indem man zweimal des Tags sich vollpfropft und keine einzige Nacht allein schläft und welche Gewohnheiten sonst an ein solches Leben sich knüpfen.* (Siebenter Brief 326 b–c / I, 303.)

Die entscheidende Begegnung aber, die den eigentlichen Gewinn brachte, war die mit dem jungen Dion, den Platon zum vertrautesten Schüler und engsten Freund gewann. So konzentriert sich Platons Bericht über die erste sizilische Reise neben der Kritik an der dortigen Lebensweise, aus der wir soeben eine Stelle wiedergegeben haben, auf Dion selbst: *Indem ich mit dem Dion, damals einem jungen Manne, verkehrte, scheint es mir selbst, als ich ihn über das, was ich für das Beste für die Menschen halte, belehrte und ihm es zu üben riet, entgangen zu sein, daß ich gewissermaßen einen davon zu erwartenden Umsturz der Gewaltherrschaft vorbereitete. Denn der so im übrigen wie für die von mir damals ausgesprochenen Äußerun-*

Syrakus.
Rekonstruktion des Westtores der Festung Epipolai, von F. Krischen

Bildnis des Platon im Vatikan (Galleria Geografica), Rom

gen mit leichter Fassungskraft begabte Dion gab mir so schnell und so willig Gehör wie kein anderer der Jünglinge, mit denen ich je in Verbindung kam, und nahm sich vor, für sein übriges Leben eine von der der Mehrzahl der Italioten und Sizilioten verschiedene Lebensweise insofern zu wählen, als ihm die Tugend mehr galt als Wollust und sonstige Schlemmerei. Darum führte er ein denjenigen, deren Lebensweise den gewaltherrscherischen Einrichtungen entsprach, anstößiges Leben, bis Dionysios seinen Tod fand. (Siebenter Brief 327 a–b / I, 304.)

Dieser erste Aufenthalt in Syrakus muß längere Zeit gedauert haben, vielleicht zwei, vielleicht sogar drei Jahre. Die Schwierigkeiten

Fünfziglitrenmünze aus Syrakus (357–354), unter Dion geprägt

und Verstimmungen zwischen Platon und Dionysios I. haben wohl ständig zugenommen und schließlich zum Abbruch des Aufenthalts geführt. Nach einem Bericht des Diogenes Laertios (III, 19) hat Dionysios I. veranlaßt, daß das Schiff, welches Platon nach Hause bringen sollte, nicht in Athen, sondern in Ägina landete. Ägina lag damals mit Athen im Kriege, und nach griechischem Kriegsrecht, vielleicht sogar nach einem besonderen Gesetz der Stadt Ägina, sollte Platon entweder getötet oder als Sklave verkauft werden. Man entschloß sich für das letztere. Platon wird auf dem Markt zum Verkauf ausgestellt, ein Freund aus Kyrene sieht ihn dort und kauft ihn los, so daß Platon, allen Gefahren entronnen, doch noch in Athen landen kann. Ob dieser Bericht des Diogenes Laertios als historisch betrachtet werden kann, darüber ist viel gestritten worden. Bei Platon selbst findet sich kein Hinweis darauf. Ich schließe mich der Auffassung von Wilamowitz-Moellendorff an, der diesen Bericht für wahr hält.

Nach der Rückkehr von der ersten sizilischen Reise dürfte Platon die Akademie gegründet und sein umfangreichstes Werk, die *Politeia*, begonnen haben. Man hat zwar keinerlei Anhalt für den genauen Zeitpunkt der Gründung der Akademie, doch ist es schwer vorstellbar, daß Platon sie vor der ersten sizilischen Reise gegründet hat, weil er sie ja dann bald nach der Gründung für lange Zeit verlassen hätte. Was die Abfassungszeit der *Politeia* betrifft, so muß man davon ausgehen, daß sich in diesem Werk viele sizilische Erfahrungen Platons finden.

Als Dionysios I. im Jahre 367 stirbt, übernimmt sein Sohn Dionysios II. die Tyrannis in Syrakus und in den von seinem Vater unterworfenen Städten und Landschaften. Auf Veranlassung Dions schickt Dionysios II. an Platon eine Einladung zu einer zweiten Reise nach Syrakus, die also etwa 367/366 stattgefunden haben dürfte. Platon nimmt die Einladung an, doch bald nach seinem Eintreffen kommt es zu starken Spannungen, die dazu führen, daß Dion des Landes verwiesen wird: *Bei meiner Ankunft ... fand ich des Dionysios ganze Umgebung mit Zwiespalt erfüllt und mit Verleumdungen Dions bei dem Gewaltherrscher. So nahm ich also seiner mich an, konnte aber nur wenig ausrichten, sondern es setzte, vielleicht etwa im vierten Monate, Dionysios den Dion, den er heimlicher Anschläge gegen die Gewaltherrschaft beschuldigte, auf ein kleines Fahrzeug und entfernte ihn in unehrenvoller Weise.* (*Siebenter Brief* 329 b–c / I, 306.) Nicht lange danach kehrte Platon nach Athen zurück.

Die dritte Reise nach Syrakus, 361/360, ging ebenfalls auf eine Einladung von Dionysios II. zurück, die Platon nach langem Zögern annahm. Zunächst kommt es wohl zu einem guten Einvernehmen sowohl in den Fragen der Philosophie als auch in denen, die die persönlichen Verhältnisse Dions betreffen. Doch Platons Hoffnung, die Situation Dions verbessern zu können, erfüllt sich nicht, und er entschließt sich, mit dem letzten Schiff vor Einbruch des Winters nach Athen zurückzufahren: ... *ich aber hatte nach solchen Vorfällen deutlich erkannt, wie es mit dem Eifer des Dionysios für die Philosophie bestellt sei, und es stand mir frei, ob ich Lust habe, ihm zu zürnen oder nicht; denn es war damals bereits Sommer und die Abfahrtszeit der Schiffe.* (*Siebenter Brief* 345 d / I, 320.)

Durch einen listigen Vorschlag gelingt es Dionysios, Platon zum Bleiben zu bewegen, doch nachdem Platon die Schiffe hat abfahren lassen, denkt Dionysios nicht daran, sein Versprechen einzulösen. Nun ist das Verhältnis endgültig getrübt, und Platon fühlt sich in

Griechische Segelschiffe auf einer Schale des späten 6. Jhs. v. Chr. Paris, Louvre

diesem Winter mit Recht als Gefangener: *Von nun an aber war unser Verhältnis, das meinige und das des Dionysios, so beschaffen: Ich blickte, wie ein Vogel, der dem Käfig zu entfliehen begehrt, nach außen; er aber sann darauf, wie er mich wegscheuche, ohne etwas von dem Vermögen des Dion mir zu übergeben; dessen ungeachtet galten wir in ganz Sizilien für Freunde.* (*Siebenter Brief* 347 e–348 a / I, 322.)

Bald entwickeln sich neue Schwierigkeiten. Dionysios gerät in Streit mit seinen Söldnern. Er beginnt Unschuldige zu verfolgen, und Platon nimmt entschieden Partei für die Verfolgten. Daraufhin muß er die in einem Garten gelegene Burg, in der er bisher gewohnt hatte, verlassen und in eine andere Wohnung übersiedeln, in der er Gefahren für Leib und Leben ausgesetzt ist: *Fortan wohnte ich nun außerhalb der Burg, inmitten seiner Söldner. Es kamen aber andere und insbesondere auch meine Landsleute, die zur Dienerschaft gehörigen Athener, zu mir und benachrichtigten mich, ich sei bei den Leichtbewaffneten verleumdet und manche stießen die Drohung gegen mich aus, mich es, würden sie irgend meiner habhaft, entgelten zu lassen.* (*Siebenter Brief* 350 a / I, 324.)

Platon wendet sich an Archytas und seine anderen Freunde in Tarent um Hilfe, denen es gelingt, von Dionysios II. die Zusage zu erhalten, daß Platon nach Hause zurückkehren darf: *Zu meiner Rettung ersann ich folgenden Ausweg. Ich sende zum Archytas und den andern Freunden in Tarent und schildere ihnen meine Lage. Diese aber wußten es dahin zu bringen, daß sie eine Gesandtschaft von Staats wegen vorschützen konnten, und senden einen Dreißigruderer und den Lamiskos, einen aus ihrer Mitte, der sich zum Dionysios begab, um eine Fürbitte für mich einzulegen, indem er meinen Wunsch abzureisen aussprach, was er doch ja nicht hindern möge. Dieser aber willigte ein und versah mich mit Reisegeld...* (*Siebenter Brief* 350 a–b / I, 324–325.)

Bald nach seiner Rückkehr trifft Platon Dion bei den Olympischen Spielen: *Als ich nun nach dem Peloponnes zurückgekehrt war und den Dion auf einer Festreise begriffen in Olympia antraf, berichtete ich ihm, was geschehen war.* (*Siebenter Brief* 350 b / I, 325.) Dion rüstet zu dieser Zeit bereits zu einem Feldzug, um Rache an Dionysios II. zu nehmen. Er bittet Platon, seine Partei zu ergreifen, doch dieser lehnt ab. 357 zieht Dion mit dem gesammelten Heer gegen Syrakus, vertreibt den Tyrannen zunächst aus der Stadt und schließlich aus der Burg und nimmt die Herrschaft in seine Hand. Als Schwierigkeiten auftreten, läßt sich Dion zu Grausamkeiten und Unrecht treiben. Über seine Ermordung berichtet Platon: *Als Dion später die Rückkehr in seine Heimat beabsichtigte, nahm er sich zwei Brüder aus Athen mit, welche nicht die Philosophie ihm befreundet hatte, sondern die weitverbreitete Genossenschaft, welche man durch gastfreundschaftliche Verbindungen und die Einweihung in die Mysterien ersten und zweiten Grades herbeizuführen pflegt; dadurch waren auch diese beiden, die ihn bei seiner Rückkehr in die Heimat unterstütz-*

Sog. Tempel der Concordia in Agrigent

ten, sowie durch die ihm dabei geleisteten Dienste seine Freunde geworden. Diese kamen nach Sizilien; als sie aber inne wurden, daß Dion bei den von ihm befreiten Siziliern verdächtigt sei, als sei insgeheim sein Streben auf die Gewaltherrschaft gerichtet, da verrieten sie nicht bloß ihren Freund und Genossen, sondern vollzogen, gewissermaßen eigenhändig, seine Ermordung, indem sie mit bewaffneter Hand seinen Mördern Beistand leisteten. Das Schmähliche und Verruchte dieser Tat will ich aber weder unerwähnt lassen noch auch hervorheben; denn viele andere ließen es sich angelegen sein, wiederholt ihren Tadel darüber auszusprechen, und werden auch in der Folge es tun; was aber von den Athenern gesagt wird, daß sie Schande über ihre Stadt brachten, dem widerspreche ich; denn auch der Mann, behaupte ich, ist ein Athener, welcher an ebendemselben nicht zum Verräter wurde, obschon er große Geschenke und andere Auszeichnungen dadurch erlangen konnte; hatten doch nicht niedrige Beweggründe ihn zu Dions Freunde gemacht, sondern die Gemeinschaft edler Geistesbildung, welcher allein der Verständige mehr vertrauen muß als der Verwandtschaft der Gesinnungen und des Blutes; so daß die Mörder des Dion keine Schande über ihre Vaterstadt brachten, als hätten sie eines besondern Ansehens sich erfreut. (Siebenter Brief 333 d–334 c / I, 310.)

Zwei Dinge erweisen sich als das eigentlich Bedeutungsvolle der drei sizilischen Reisen: Zum einen der Versuch Platons, hier seine Anschauungen über den Staat zu verwirklichen, zum anderen sein Verhältnis zu Dion.

Es wird oft bestritten, daß die Reisen nach Syrakus dem Versuch Platons gegolten haben, seine politischen Anschauungen einmal in die Wirklichkeit umzusetzen. Das mag für die erste sizilische Reise stimmen. Damals war ja vermutlich Syrakus nur eines der Reiseziele auf der großen Reise durch Unteritalien und Sizilien. Außerdem konnte Platon zu diesem Zeitpunkt an eine eigentliche Einwirkung auf den auf der Höhe seines Lebens stehenden Dionysios schwerlich denken. Auch dürfte die *Politeia* erst nach der ersten sizilischen Reise geschrieben worden sein. Dagegen erfolgen die weiteren Reisen auf ausdrückliche Einladungen hin, und als Grund, warum er sie angenommen habe, gibt Platon an, er habe die eigenen politischen Anschauungen verwirklichen wollen: *Indem Dion mit Recht das hoffte, bewog er den Dionysios, nach mir auszusenden, und er selbst ersuchte mich durch eine besondere Botschaft, baldmöglichst zu kommen ... Als ich daher die Sache erwog und schwankte, ob ich die Reise unternehmen und ihm Gehör geben solle oder nicht, entschied ich mich für die Ansicht, es tun und jetzt versuchen zu müssen, ob irgend jemand es unternehmen werde, einmal meine Gedanken über Gesetze und Verfassung auszuführen: denn wenn ich nur den einen vollständig überzeugte, würde ich so alles Gute bewirkt haben.* (Siebenter Brief 327 d, 328 b–c / I. 305.)

Dabei mag es wohl Platon nicht darum gegangen sein, die in der *Politeia* entwickelte Utopie in allen Einzelheiten zu verwirklichen.

Der utopische Charakter dieses Werkes wird auch ihm selbst schwerlich verborgen geblieben sein. Er hatte vielmehr verhältnismäßig reale Ziele, nämlich einen freien Bund der griechischen Städte Siziliens zu gründen: ... *demnach gebe ich euch denselben Rat und führe, bereits zum drittenmal befragt, zum drittenmal dieselbe Rede: Meinen Ansichten zufolge nicht der Herrschaft herrschsüchtiger Menschen Sizilien oder sonst einen Staat, sondern der der Gesetze zu unterwerfen ...* (*Siebenter Brief* 334 c / I, 311.)

Dies waren Platons Grundgedanken: Die unter der Tyrannis leidenden griechischen Städte, insbesondere Syrakus, wieder zu freien Städten zu machen und die zerstörten Städte, wie Naxos, das durch Dionysios I., oder Agrigent, das durch die Karthager zerstört worden war, als freie Städte wieder aufzubauen. Überblickt man aber die 20 Jahre von 367 bis zu Platons Tod 347, so muß das grenzenlose Chaos in Sizilien und Syrakus als Beweis für das völlige Fehlschlagen aller Pläne betrachtet werden, und Platon hat das selbst erkannt. So ist es denn kein Wunder, wenn das Porträt Platons, das aus seinen letzten Lebensjahren stammen muß, von Resignation geprägt ist.

Noch tiefer hat Platon das Schicksal Dions getroffen. Wie schwer muß es ihm gefallen sein, bei dem aufkommenden Streit zwischen Dion und Dionysios II. nicht zugunsten von Dion Partei zu nehmen, und wie muß ihn die Ermordung Dions erschüttert haben!

Die Trauer Platons über Dions Tod hat ihren Ausdruck in einem ergreifenden Gedicht gefunden. Immer wieder hat man dieses Gedicht ins Deutsche übertragen. Ich gebe es hier in der Übertragung von Wilamowitz-Moellendorff wieder:

Tränen haben die Schicksalschwestern
Hekabe und den Troerfrauen
zugesponnen
vor der Geburt.

Doch du standest im Siegerkranze,
Dion, als das Geschick dir aller
Hoffnung Früchte
plötzlich entriß.

Ruhest in heimischer Erde, teuer
deinem Volke. Wie glühend hat dich
meine Seele,
Dion, geliebt.[2]

Freund, zum herrlichsten Fleck der Welt
Hier im rosseberühmten Lande kamst du,
Nach Kolonos, dem weißen Hang,
Wo die Nachtigall baut ihr Nest
Und hell schluchzet ihr Klagelied
Im Grund tief aus dem Dunkel.
Im weinfarbigen Efeu weilt
Sie gern, wie in des Gottes Busch,
Blätterreich, früchteschwer, schattig auch, weilet sie,
Dem heilgen, der geborgen
Vor Sturm. Schweift Dionysos doch
Dort, der Schwärmende, mit der Schar der Nymphen
Gern, welche ihn einstmals nährten.

Blühen unter des Himmels Tau
Hier Narzissen mit schönen Traubendolden,
Allgeheiligter Schmuck der zwei
Großen Göttinnen; Krokus auch
Im Goldglanz. Des Kephisos Flut
Versiegt nimmer und schlummert nicht
Und strömt rastlos dahin im Fluß.
Und alltäglich und immerzu
Wieder befruchtend so sucht er die Ebenen
Der breiten Brust der Erde
Mit klar lauterem Naß. Da bleibt
Fern nicht der Chor der Nymphen, Aphrodite
Nicht, goldenen Zügel lenkend.[3]

So besingt Sophokles im «Ödipus auf Kolonos» die Kephisoslandschaft, in der Platon aufgewachsen ist, in der er gelebt und die Akademie gegründet hat. In dieser Landschaft gab es – und zwar am Südwestfuß des Kolonos Hippios, des Hügels des Poseidon Hippios – schon am Ende des 6. Jahrhunderts, wie wir durch einen 1968 gefundenen Grenzstein wissen, einen Heiligen Bezirk, Hekademeia (= Akademeia), der seinen Namen von einem alten Heros Hekademos (= Akademos) hatte. Dort lag ein Gymnasium, ein Sportplatz der athenischen Jugend; wir kennen es aus manchen Erwähnungen. Aristophanes zum Beispiel schrieb im Jahre 426 die «Wolken», eine beißende Persiflage auf Sokrates. In ihr fordert Aristophanes die Jugend von Athen auf, nicht in den Straßen der Stadt herumzuflanieren, sondern sittsam im Hain des «Akademos» zu wandeln:

In Akademos' heil'gem Olivenhain
  wirst du im Schatten lustwandeln,
Lichtgrünes Schilflaub umkränzt dir das Haar,
  und zur Seite geht sittsam ein Freund dir,

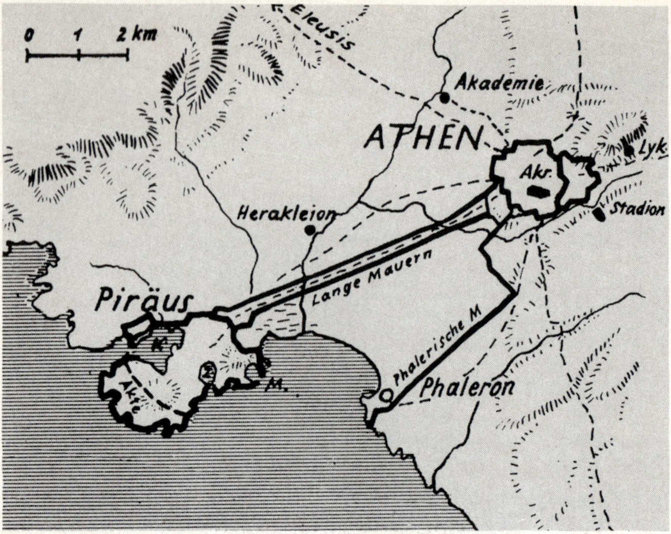

Umgebung Athens mit den Heimat-Demoi Platons, der Akademie und den Häfen (Originalkartenentwurf E. Kirsten)

Und es duftet vom Geißblatt und Feiertag
  und vom Silberlaube der Pappeln,
Wenn sich selig im Frühlingsschimmer vermählt
  das Flüstern von Ulm' und Platane.[4]

Sokrates, der einen großen Teil seines Lebens in den Gymnasien zubrachte, muß oft in diesem Hain gewesen sein. Zu Beginn des Dialogs *Lysis* erzählt er: *Ich ging von der Akademia gerade nach dem Lykeion den Weg außerhalb der Mauer dicht unter der Mauer hin.* (*Lysis* 203 a / II, 185.)

Ein Stück dieses Weges ist jetzt dort aufgedeckt, wo die Nordostgrenze der Akademie verlief; ferner kennen wir den Weg vor der Mauer, aber noch nicht das Lykeion, das Gymnasium des Apollon Lykeios, die spätere Wirkungsstätte des Aristoteles.

Diogenes Laertios berichtet, Platon habe zunächst im Gymnasium selbst gelehrt: «Nach seiner Rückkehr nach Athen wählte er zu seiner Wohn- und Lehrstätte die Akademie. Das ist ein baumreiches Gymnasium vor der Stadt, das seinen Namen von einem Heros Hekademos hat ...» (D. L. III, 7.)

Wilamowitz-Moellendorff faßt diese Nachrichten zusammen, indem er sagt, Platon habe zuerst wie Sokrates im öffentlichen Gymnasium gelehrt und habe erst später ein eigenes kleines Grundstück gekauft.[5]

Diogenes Laertios sagt ausdrücklich: «Seine philosophischen Stu-

Grenzstein aus der Zeit des Kleisthenes, etwa 507 v. Chr. Am Aufstellungsort auf der Nordseite des Heiligtums bei Kanalarbeiten 1968 gefunden. Die Inschrift lautet: Horos thes Hekademeias (Grenzstein der Akademie)

dien betrieb er zunächst in der Akademie, dann in dem Garten am Kolonos, wie Alexander in den Philosophenfolgen nach Herakleitos sagt.» (D. L. III, 5.)

Erfreulicherweise gibt Diogenes auch hier seine Quelle an. Alexander Polyhistor schrieb sein Werk über die Philosophenfolge etwa zur Zeit Sullas. Da wir das Werk nicht mehr besitzen, können wir auch nicht feststellen, wer Herakleitos war, den Alexander seinerseits als Quelle angibt. Die Nachricht ist aber völlig glaubhaft und deshalb auch mit Recht von Wilamowitz-Moellendorff zugrunde gelegt worden. Die hier von Platon gestiftete Schule hat in ununterbrochener Schultradition nahezu tausend Jahre bestanden, bis Kaiser Justinian sie im Jahre 529 n. Chr. aufgelöst hat.

Seit mehreren Jahrzehnten werden Ausgrabungen gemacht mit dem Ziel, die Akademie wieder aufzufinden. Ob dies überhaupt möglich ist, muß vorläufig noch offen bleiben. Voraussetzung wäre, daß entweder die Akademie feste Gebäude gehabt hat, oder aber daß man Inschriften oder sonstige Gegenstände findet, die sich unzweifelhaft auf das Innere des Heiligen Bezirks beziehen. Bis jetzt haben die Archäologen ein solches Glück noch nicht gehabt; denn der Grenzstein, der 1968 an der Tripolis-Straße gefunden wurde, bezeichnet ja nur die Grenze nach außen und nur an einer Stelle; westlich von ihm sind zwei Gebäude aufgedeckt: ein kleineres, älteres neben einem archaischen Tempelchen und ein größerer Komplex mit einem Hof. Mit Sicherheit gefunden hat man hier das Gymnasium, allerdings in der Form, die ihm die Athener der Kaiserzeit (um 200 n. Chr.) gegeben haben. Man darf jedoch voraussetzen, daß sie mit ihrer Anlage an derselben Stelle geblieben sind.

Der Tagesablauf in der Akademie begann mit einer Anrufung der Musen, wie wir sie auch in mehreren Dialogen finden. So sagt etwa Hermokrates zu Beginn des *Kritias*: *... deshalb ziemt es sich ... unter Anrufung des Apollon und der Musen, unsere Mitbürger aus alter Zeit als wackere Männer darzustellen und zu erheben.* (*Kritias* 108 c / V, 218.)

Das morgendliche Opfer an die Musen war eine feste Einrichtung der Akademie. Wir haben die Nachricht, daß es nur ein einziges Mal unterlassen worden ist: Xenokrates, nach Speusippos der zweite Nachfolger Platons in der Leitung der Akademie, hat das Opfer an dem Tag unterlassen, an dem die Lakedaimonier in Athen einmarschierten.[6] Die Bedeutung Apollons für die Akademie kommt darin zum Ausdruck, daß sie den Geburtstag Platons am 7. Thargelion (Mai/Juni) feierte, der den Athenern als der Geburtstag Apollons galt.[7]

Die Bauten der Akademie muß man sich, wenigstens zu Platons Zeiten, sehr bescheiden vorstellen. Vielleicht bestand der Hörsaal, wenn man einmal so sagen darf, nur aus einer Exedra, also aus einer Nische mit einer halbkreisförmigen Bank. Eine solche Anlage wurde zum Beispiel im Serapeion in Memphis gefunden. Man hat diese Anlage früher gern mit der Akademie in Verbindung gebracht; heute jedoch sieht man sie als einen Ort der Darstellung der Sieben Weisen an. Ob damals in der Akademie feste Gebäude, zum Beispiel Wohnhäuser, gestanden haben und ob insbesondere Platon selbst in der Akademie gewohnt hat, wissen wir nicht.

Platon hat die Akademie ohne Zweifel als eine Hochschule, als eine Universität oder Akademie in unserem Sinne betrachtet, und auch die Akademie hat sich im Laufe ihrer fast tausendjährigen Geschichte so verstanden. Wir besitzen zwar keine Berichte darüber, wie das Leben in der Akademie sich abgespielt hat, aber man wird annehmen können, daß die in der *Politeia* geforderte Erziehung der Philosophen im wesentlichen das Ideal darstellt, das Platon in der Akademie zu verwirklichen suchte. Das ist schon deshalb anzunehmen, weil Platon die *Politeia* in den ersten Jahren des Bestehens der Akademie geschrieben hat.

In der *Politeia* fordert Platon eine insgesamt fünfzehnjährige Ausbildung der Philosophen, und zwar zehn Jahre für die mathemati-

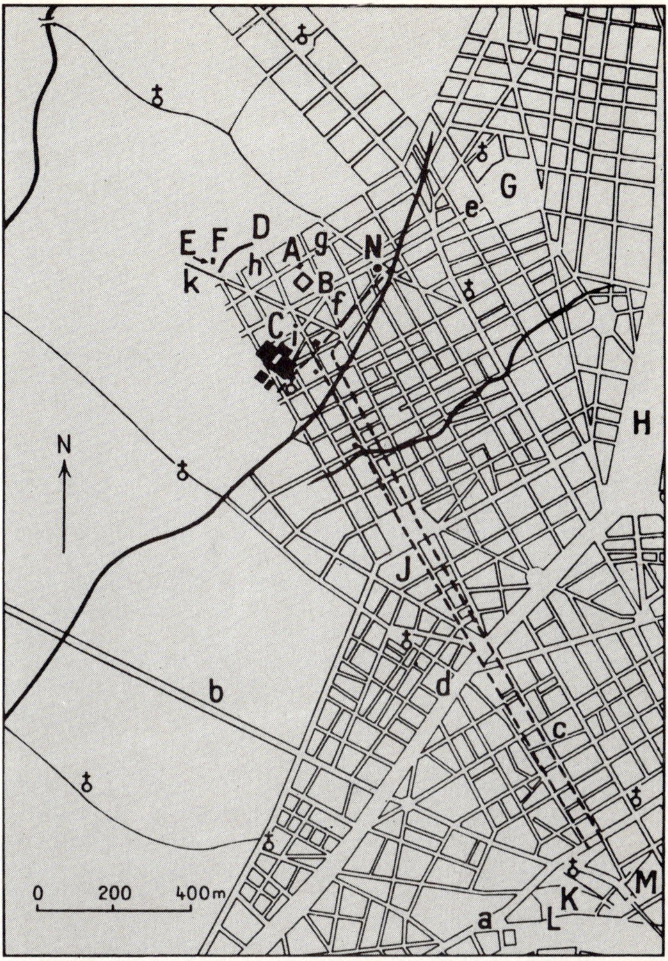

Kolonos Hippios und Platons Akademie im heutigen Straßennetz
A Archaisches Tempelchen, B Hallenbau, C Gymnasion der römischen Kaiserzeit, D Mauer, E Heiliges Haus, F Frühhelladischer Bau, G Kolonos Hippios, H Bahnhöfe, J Dromos, K Kerameikos, L Eingang zur Grabung, M Dipylon, N Fundort des Grenzsteins der Akademie (s. Abb. S. 41). a Piräus-Str., b Heilige Straße, c Salamis-Platon-, d Konstantinopel-, e Tripolis-, f Kimon-, g Eukleides-, h Theraia-, i Eteokles-, k Kratylos-Straße. (Aus: E. Kirsten—W. Kraiker: «Griechenlandkunde» 5. Aufl.)

schen Wissenschaften und weitere fünf Jahre für die eigentliche Philosophie: *Nach dieser Zeit aber, sprach ich, von zwanzig Jahren an, sollen die vorzüglichen größere Ehre vor den andern genießen, und die den Knaben zerstreut vorgetragenen Kenntnisse müssen für sie zusammengestellt werden zu einer Übersicht der gegenseitigen Verwandtschaft der Wissenschaften und der Natur des Seienden. – Wenigstens, sprach er, wird nur das so Erlernte fest sein, wem man es auch beigebracht hat. – Und, sagte ich, die stärkste Probe, wo eine dialektische Natur ist und wo nicht. Denn wer zur Zusammenschau fähig ist, ist dialektisch; wer nicht, ist es nicht. – Ich stimme dir bei, sagte er. – Hierauf also, sprach ich, wirst du achten müssen, und welche unter ihnen dieses am meisten sind und beharrlich im Lernen, beharrlich auch im Kriege und in allem Vorgeschriebenen, diese wiederum, wenn sie dreißig Jahre zurückgelegt haben, aus den Auserwählten auswählen und zu noch größeren Ehren erheben, um, indem du sie durch die Dialektik prüfst, zu sehen, wer von ihnen Augen und die andern Sinne fahrenlassend auf das Seiende selbst und die Wahrheit loszugehen vermag.* (*Politeia* 537 b–d / III, 242–243.)

Die höchste Stufe der Ausbildung in der Philosophie wird Dialektik genannt. Über ihre zeitliche Dauer sagt Platon: *Wird es nun hinreichen, daß sie bei diesen Untersuchungen angestrengt und unablässig bleiben, ohne irgend etwas anderes zu tun, sondern indem sie sich auf entsprechende Art wie früher mit dem Leibe doppelt soviel Jahre üben als damals? – Meinst du also sechs oder vier? fragte er. – Einerlei! sprach ich, nimm fünf.* (*Politeia* 539 d–e / III, 244.)

Der Ausbildung in der Philosophie ging das Studium der mathematischen Wissenschaften, und zwar der Arithmetik, der Geometrie, der Stereometrie, der Astronomie und der Akustik, voraus. Dies waren in einem gewissen Sinn alle damals bekannten Wissenschaften. Welch fundamentale Bedeutung diese Wissenschaften in der Akademie hatten, läßt sich aus einer Reihe von Tatsachen mit Sicherheit ersehen. Nach einer alten Nachricht hat über dem Eingang der Akademie gestanden: «Niemand, der ungeometrisch ist, darf hier eintreten.» Solche Inschriften waren nicht ungewöhnlich, am bekanntesten ist die am Eingang des Pronaos des Orakels in Delphi: «Erkenne dich selbst!»

Zur Akademie gehörten die besten Mathematiker der Zeit, unter ihnen vor allem Eudoxos und Theaitetos. Eudoxos, 408 geboren und 355 gestorben, war etwa 20 Jahre jünger als Platon. Er war in der Mathematik ebenso bedeutend wie in der Philosophie und Astronomie. In der Astronomie entwickelte er eine Theorie der Himmelsbewegungen vom geozentrischen Standpunkt aus, in der Mathematik eine Proportionenlehre, die als Ganzes in die «Elemente» Euklids eingegangen ist.[8]

Theaitetos mag von etwa 420 bis 367 gelebt haben. Er ist Gesprächsteilnehmer des *Sophistes* und des nach ihm benannten Dialogs. Seine mathematische Leistung liegt in der Lehre von den irrationalen Zahlen. Das Problem hatte zuerst Pythagoras gesehen. Er hatte erkannt und bewiesen, daß die Quadratwurzel aus zwei kein Bruch sein kann, sondern daß sie, wie wir heute sagen, eine irrationale Zahl ist. Theodoros, der Lehrer des Theaitetos aus Kyrene, hatte dies zunächst für die Wurzeln aus drei und fünf bewiesen und hatte den Beweis schließlich bis zur Wurzel aus siebzehn geführt. Theaitetos fand diesen Beweis auf dem Weg über die unendliche Reihe aller natürlichen Zahlen. Eine Quadratwurzel aus einer natürlichen Zahl ist entweder selbst wieder eine natürliche Zahl, wie bei vier, neun etc., oder aber sie ist, da sie kein Bruch sein kann, eine irrationale Zahl. Diese tiefgehende mathematische Erkenntnis dient im Dialog *Theaitetos* als Beispiel für eine Erkenntnis überhaupt und liefert uns eines der wertvollsten Zeugnisse über den damaligen Stand der frühen griechischen Mathematik: *Von den Quadratwurzeln zeichnete uns Theodoros etwas vor, indem er uns von der dreifüßigen und fünffüßigen bewies, daß sie als Länge nicht meßbar wären durch die einfüßige. Und so ging er jede einzeln durch bis zur siebzehnfüßigen, bei dieser hielt er inne. Uns nun fiel so etwas ein, da der Quadratwurzeln unendlich viele zu sein schienen, wollten wir versuchen, sie zusammenzufassen in eins, wodurch wir diese alle bezeichnen könnten ... Wir teilten alle Zahlen insgesamt in zwei Teile.* (*Theaitetos* 147 d–e / IV, 112.)

Die Klassenbildung, die Theaitetos auf diese Weise vornimmt, ist eine der wichtigsten mathematischen Methoden; sie ermöglicht auch erst den von ihm entdeckten a l l g e m e i n e n Beweis, eine der modernsten mathematischen Erkenntnisse für die damalige Zeit, die auch in der Akademie bekannt waren.[9]

Der *Timaios* beruht auf der Lehre von den fünf regulären Körpern: *Durch die Bildung vier solcher Winkel entstand der erste feste Körper, vermittels dessen die ganze [um ihn beschriebene] Kugel in gleiche und ähnliche Teile zerlegbar ist. Der zweite Körper entsteht aus denselben Dreiecken, welche zu acht gleichseitigen sich verbinden ... Der dritte entstand ... während er zwanzig gleichseitige Dreiecke zu Grundflächen hat ... das gleichschenklige aber ließ die Natur des vierten entstehen ... Da aber noch eine, die fünfte Zusammenfügung übrig war, so benutzte Gott diese für das Weltganze ...* (*Timaios* 55 a–c / V, 177.)

Hier liegt der Satz zugrunde, daß es nur fünf reguläre Körper geben kann, den Tetraeder, den Hexaeder, den Oktaeder, den Dodekaeder und den Ikosaeder. Dieser Satz stellt das höchste Ergebnis dar, das die griechische Mathematik vor Euklid erreicht hat, und er bildet den Schluß von Euklids «Elementen». Auch diese *Timaios*-Stelle zeigt also, daß Platon die neuesten Ergebnisse der Mathematik seiner Zeit benutzt und dabei voraussetzt, daß die Leser, also vor allem die Mitglieder der Akademie, sowohl die Bedeutung des mathematischen Satzes als auch die Bedeutung einer damit eingeführten apriorischen Elementenlehre verstehen. Von der modernen Physik her ist freilich eine gewisse Naivität in der Durchführung dieser Methode nicht zu verkennen. Die Bedeutung und das Problem der Berechti-

Akropolis von Athen,
vom Ilissostal aus gesehen

gung einer solchen apriorischen Elementenlehre allerdings ist uns gerade durch die moderne Physik klargeworden.

Wie eng die in den Dialogen vorgetragenen Thesen mit den Diskussionen in der Akademie zusammenhängen, zeigt eine Stelle in der *Politeia.* Platon sagt: *So wirst du aber wohl deutlicher sehen, was ich meine. Dies, sagen wir also, wären drei Finger, der kleinste und hier der andere und der mittlere. – Ja, sagte er. – ... Ein Finger ist offenbar jeder von ihnen auf gleiche Weise, und insofern ist es ganz einerlei, ob man ihn in der Mitte sieht oder am Ende, oder ob er weiß ist oder schwarz, stark oder dünn ... Wie aber ihre Größe und Kleinheit? Sieht auch die das Gesicht hinreichend und so, daß es ihm keinen Unterschied macht, ob einer in der Mitte liegt oder am Ende? Und erkennt ebenso Dicke und Dünnheit, Weichheit und Härte das Gefühl? ... – So ist es, sagte er. – Muß nun nicht hierbei die Seele zweifelhaft werden, als was ihr diese Wahrnehmung das Harte andeutet, wenn sie doch dasselbe weich nennt, und so auch die des Leichten und Schweren, als was doch leicht und schwer, wenn sie doch das Schwere als leicht und das Leichte als schwer kundgibt. – Freilich, sagte er, müssen diese Aussagen der Seele gar wunderlich erscheinen und näherer Betrachtung bedürftig. – Natür-*

lich also versucht die Seele bei dergleichen zuerst, Überlegung und Vernunft herbeirufend, zu erwägen, ob jedes solche Angemeldete eins ist oder zwei. (*Politeia* 523 c–524 b / III, 231–232.)

Man sieht an dieser Stelle deutlich, wie Platon im lebendigen Dialog von einem anschaulichen Beispiel – den Fingern seiner Hand – zu abstrakten Thesen der Ideenlehre aufsteigt.

Platon hat nun nicht nur der Mathematik einen breiten Raum in der Akademie gewährt, er hat sich auch selbst intensiv an der mathematischen Forschung beteiligt, wenn auch seine Mitarbeit vorwiegend auf das Methodische gerichtet war. Man muß bedauern, daß diese Arbeit Platons keinen direkten Niederschlag in den Dialogen gefunden hat. Das erste Problem, mit dem er sich auseinandergesetzt hat, betrifft die Verdoppelung des Würfels. Diese geht von der Verdoppelung des Quadrats aus, bei der gefragt wird: Wenn ein Quadrat gefunden werden soll, das doppelt so groß ist wie ein gegebenes, wie lang muß die Seite des neuen Quadrats sein? Dieses Problem hatte Platon in einem frühen Dialog, im *Menon*, ausführlich behandelt. Jetzt geht es um eine analoge Frage: Wenn man zu einem gegebenen Würfel einen doppelt so großen Würfel finden soll, wie lang muß die Kante des neuen Würfels sein?

Als Quelle für das erste Auftauchen dieser Frage gilt eine Erzählung, die an mehreren Stellen auftaucht: Die Delier hatten einen Orakelspruch erhalten, der besagte, daß sie einer Seuche nur dann Einhalt gebieten könnten, wenn sie einen Altarstein verdoppeln würden. Sie wandten sich an Platon und die Akademie um Rat. Platon antwortete, nicht die Verdoppelung des Altars sei der eigentliche Wunsch Gottes, er wolle vielmehr die Hellenen tadeln, weil sie sich nicht um die Wissenschaft, insbesondere um die Geometrie, kümmerten. Von dieser Erzählung ausgehend wird das Problem der Würfelverdoppelung das «Delische Problem» genannt. Platon selbst hat eine Lösung dieses Problems entdeckt. Wir wissen das durch Eutokios von Askalon, der im 6. Jahrhundert einen Kommentar zu Archimedes verfaßt hat, in dem er mehrere Lösungen zur Würfelverdoppelung gibt, darunter die von Platon, Archytas und Menaichmos.[10]

In der Methodenlehre der Mathematik hat Platon die Unterscheidung zwischen der analytischen und der synthetischen Methode entwickelt. Auch hiervon wird in den Dialogen nichts erwähnt. Über diese Entdeckung Platons sagt Cantor: «Auf dem Gebiete mathematischer Methodik ist es noch eine einen gewaltigen Fortschritt eröffnende Erfindung, welche Platon zugeschrieben wird: Die Erfindung der analytischen Methode. Wir haben darüber eine ganz kurze Notiz des Diogenes Laertius: Platon führte zuerst die analytische Methode der Untersuchung für Leodamas von Thasos ein, und eine ausführlichere des Proklos: Es werden auch Methoden angeführt, von denen die beste die analytische ist, die das Gesuchte auf ein bereits zugestandenes Prinzip zurückführt. Diese soll Platon dem Leodamas mitgeteilt haben, der dadurch zu vielen geometrischen Ent-

Delos. Plan der Insel aus einer Reisebeschreibung des 18. Jhs.

deckungen soll hingeleitet worden sein ... Endlich gehören hierher die beiden bei Euklid erhaltenen Definitionen: Analysis ist die Annahme des Gesuchten als zugestanden durch Folgerungen bis zu einem als wahr Zugestandenen. Synthesis ist die Annahme des Zugestandenen durch Folgerungen bis zu dem Erschließen und Wahrnehmen des Gesuchten ...»[10a]

Von hier aus versteht man, daß in allen Geschichten der Mathematik die große Bedeutung Platons mit Nachdruck hervorgehoben wird. Auf die Frage, inwiefern seine Bedeutung nicht so sehr in der Entdeckung einzelner Theoreme als vielmehr im Methodischen und in der Klärung des Wissenschaftscharakters der Mathematik gelegen hat, werden wir noch zurückkommen.

Welche Rolle auch immer die mathematischen Wissenschaften – wir würden heute sagen: Mathematik und Naturwissenschaften – in der Akademie gespielt haben mögen, es kann natürlich kein Zweifel daran sein, daß die Ideenlehre das eigentliche Zentrum gewesen ist. Es wird auch nicht so gewesen sein, daß die strenge zeitliche Gliederung zwischen dem Studium der Mathematik und dem der Philosophie, wie sie in der *Politeia* gefordert wird, in der Akademie praktiziert worden ist. Man wird vielmehr annehmen können, daß in den Vorträgen und Diskussionen Mathematik und Philosophie miteinander verbunden waren. Die Ideenlehre dürfte Platon in der Form vorgetragen haben, wie er sie im *Phaidon* und in der *Politeia* niedergeschrieben hat. Ich folge in diesem Punkt dem Ansatz von Wilamowitz-Moellendorff, der davon ausgeht, daß der *Phaidon* nach der Gründung der Akademie geschrieben worden ist. Als Beispiel für den Vortrag der Ideenlehre kann die folgende Stelle aus dem *Phaidon* gelten: *So laßt uns denn gehen, sprach er, zu dem, wovon wir auch vorher sprachen. Jenes Wesen selbst, welchem wir das eigentliche Sein zuschreiben in unsern Fragen und Antworten, verhält sich dies wohl immer auf gleiche Weise, oder bald so, bald anders? Das Gleiche selbst, das Schöne selbst, und so jegliches, was ist, selbst, nimmt das wohl jemals auch nur irgendeine Veränderung an? Oder verhält sich nicht jedes dergleichen als ein einartiges Sein an und für sich immer auf gleiche Weise und nimmt niemals und auf keine Weise irgendwie eine Veränderung an? – Auf gleiche Weise, sprach Kebes, und einerlei verhält es sich notwendig, o Sokrates.* (Phaidon 78 c–d / III, 30.)

Hier und an vielen anderen Stellen spricht Sokrates, der ja die Ideenlehre vorträgt, in der ersten Person Plural, und man wird Wilamowitz-Moellendorff, der dieses «wir» auf die Akademie bezieht, zustimmen müssen: «Auf die Schule nimmt Platon ganz unbefangen Bezug.»[11]

Dies gilt noch mehr, wenn Sokrates sagt: *in unsern Fragen und Antworten.* Dies ist doch offenbar eine Reaktion auf die lebendige Diskussion in der Akademie. Aber darüber hinaus gibt es im *Phaidon* noch eine Stelle, aus der deutlich wird, daß die Diskussionen nicht nur auf Platons Vortrag der Ideenlehre einwirkten, sondern daß auch bereits Fragen nach dem Sinn der Ideenlehre gestellt wurden: *Mir scheint nämlich, wenn irgend etwas anderes schön ist, außer jenem Schönen selbst, daß es wegen gar nichts anderem schön sei, als weil es teilhabe an jenem Schönen, und ebenso sage ich von allem. Räumst du diese Ursache ein? – Die räume ich ein, sprach er. – Und so verstehe ich denn gar nicht mehr und begreife nicht jene anderen gelehrten Gründe; sondern wenn mir jemand sagt, weswegen irgend etwas schön ist, entweder weil es eine blühende Farbe hat oder Gestalt oder sonst etwas dieser Art, so lasse ich das andere – denn durch alles übrige werde ich nur verwirrt gemacht – und halte mich ganz einfach und kunstlos und vielleicht einfältig bei mir selbst daran, daß nichts anderes es schön macht als eben jenes Schöne, nenne es nun Anwesenheit oder Gemeinschaft, wie nur und woher sie auch komme, denn darüber möchte ich nichts weiter behaupten, sondern nur, daß vermöge des Schönen alle schönen Dinge schön werden.* (Phaidon 100 c–d / III, 50.)

Die Freunde und Schüler Platons, aus denen die Akademie besteht, sind zwar sichtlich bereit, die Ideenlehre als solche anzunehmen, das heißt anzuerkennen, daß es zum Beispiel eine Idee des Schönen gibt, aber sie drängen jetzt auf eine Klärung des Verhältnisses der Idee des Schönen zu den schönen Dingen. Wie soll man sich das Verhältnis vorstellen? Als Anwesenheit der Idee der Schönheit in den schönen Dingen? Als Gemeinschaft der Idee der Schönheit mit den schönen Dingen? Diese Frage wird später durch Aristoteles zum Hauptproblem in der Diskussion über die Ideenlehre. In diesem frühen Stadium gibt Platon keine Antwort darauf, sondern wehrt sie etwas ärgerlich ab: *... durch alles übrige werde ich nur verwirrt gemacht – und halte mich ganz einfach und kunstlos und vielleicht einfältig bei mir selbst daran...* Mit seiner Weigerung nimmt Platon also in Kauf, sogar als einfältig zu erscheinen. Er hält an einem einfachen Grundsatz fest: *... daß vermöge des Schönen alle schönen Dinge schön werden;* es ist die Idee der Schönheit, welche die schönen Dinge schön macht. Platons späterer Standpunkt in dieser Frage wird uns noch eingehend beschäftigen.

Mir scheint, es ist deutlich geworden, daß auch an dieser Stelle des *Phaidon* die ersten Diskussionen der Akademie erkennbar sind. Man kann sich das so vorstellen: Platon trägt die Ideenlehre in der Form vor, es sei die Idee der Schönheit, die alle schönen Dinge schön mache. Es dauert nicht lange, und die Freunde und Schüler beginnen zu fragen, auf welche Weise man sich dieses Verhältnis vorstellen könne. Diese Fragen wehrt er in den ersten Jahren ab, aber als die Fragen nach dem Sinn der Ideenlehre im Laufe der Zeit immer häufiger und heftiger gestellt werden, gelangt er allmählich zu der Überzeugung, daß eine Diskussion darüber notwendig ist. Zu der immer lebhafteren Diskussion in dieser Frage wird es auch durch Aristoteles gekommen sein, der 367 in die Akademie eintrat und sicher oft mit dem ungestümen Temperament der Jugend in die Debatten eingriff.

In zwei späteren Dialogen, im *Sophistes* und im *Parmenides,* die allerdings schon vor 367 geschrieben sein können, finden wir einen lebendigen Widerhall der in der Akademie geführten Dispute. Im *Sophistes* findet sich eine Diskussion mit *den Freunden der Ideen.* Man hat früher gemeint, es handle sich dabei um eine andere Gruppe von Vertretern der Ideenlehre; aber es wird immer deutlicher, daß Platon mit den *Freunden der Ideen* sich selbst mit seinen Freunden und Schülern in der Akademie meint: *Und nun laß uns zu den andern gehen, den Freunden der Ideen... Aber dieses Gemeinschaft-Haben, ihr Allerbesten, was sollen wir doch sagen, daß ihr damit an beiden eigentlich meint?* (*Sophistes* 248 a–b / IV, 220.)

Auch der Dialog *Parmenides* spiegelt die Diskussionen der Akademie wider, ja man hat diesen Dialog geradezu eine Schulstunde der Akademie genannt. Der Dialog besteht aus zwei Teilen, deren erster die Schwierigkeiten der Ideenlehre diskutiert, während im zweiten die Dialektik von Sein und Einheit entwickelt wird. Wir ziehen an dieser Stelle den Dialog nur so weit heran, als er ein Bild der Akademie gibt.

Im ersten Teil wird beispielsweise die Frage behandelt, wie die Anteilhabe der schönen Dinge an der Idee der Schönheit gedacht werden kann: *Dünkt dich also der ganze Begriff in jedem einzelnen von den vielen zu sein, obgleich er einer ist, oder wie? – Was, o Parmenides, habe Sokrates gefragt, sollte ihn denn hindern, darin zu sein? – Eins und dasselbe seiend also soll er in vielen getrennt voneinander Seienden zugleich sich befinden und also selbst von sich selbst getrennt sein? – Nicht doch, habe Sokrates gesagt, wenn wie ein und derselbe Tag überall zugleich und dennoch keineswegs getrennt von sich selbst ist, so auch jeder Begriff in allen Dingen zugleich derselbe wäre. – Sehr anmutig, o Sokrates, habe Parmenides gesagt, setzt du eins als dasselbe an vielen Orten zugleich, wie wenn du mit einem Segeltuch viele Menschen bedeckend sagen wolltest, das eine wäre ganz über Vielen.* (*Parmenides* 131 a–b / IV, 68.)

Auf die systematische Bedeutung des Vorgetragenen werden wir später noch einmal zurückkommen. Hier soll nur die Lebendigkeit der Diskussion, die gewiß ähnlichen Diskussionen der Akademie entnommen ist, veranschaulicht werden. Wenn Platon die Erörterung mit der Erklärung abschließt, daß man ungeachtet aller ungelösten Schwierigkeiten an der Ideenlehre festhalten müsse, dann kann man sich gut vorstellen, daß er auch die temperamentvollen Erörterungen in der Akademie immer wieder mit dieser Erklärung abgeschlossen hat: *Dennoch aber, o Sokrates, sagte Parmenides, wenn jemand auf der andern Seite nicht zugeben will, daß Begriffe Seiendes sind, weil er eben auf alles Vorige und mehr Ähnliches hinsieht und keinen Begriff für jedes Besondere bestimmt setzen will: so wird er nicht haben, wohin er seinen Verstand wende, wenn er nicht eine Idee für jegliches Seiende zuläßt, die immer dieselbe bleibt, und so wird er das Vermögen der Dialektik gänzlich aufheben ...* (*Parmenides* 135 b–c / IV, 72.)

In engem Zusammenhang mit der Ideenlehre steht das Problem der «Dihairesis», das die Akademie ebenfalls sehr beschäftigt haben muß. Unter «Dihairesis» versteht Platon zunächst die Teilung eines Begriffs in zwei Unterbegriffe und dann die weitere Teilung der Unterbegriffe in zwei neue Unterbegriffe. Das klassische Beispiel für die Teilung eines Begriffs in zwei Unterbegriffe ist die Teilung der natürlichen Zahlen in gerade und ungerade. Diese Gliederung liegt schon dem pythagoreischen Beweis von der Irrationalität der Wurzel aus zwei sowie der Weiterführung dieses Beweises zugrunde. Da nun die Ideen Allgemeinbegriffe sind, wirkt sich die Gliederung von Begriffen unmittelbar auf die Ideenlehre aus. Greifen wir auf unser Beispiel zurück, so muß es eine sehr allgemeine Idee «natürliche Zahl» geben, und unter dieser Idee müssen die Ideen «gerade Zahl» und «ungerade Zahl» stehen. Verallgemeinert man diesen Sachverhalt, dann führt das Dihairesis-Verfahren zu einer Einsicht in den Zusammenhang der Ideen und zu einer Gliederung der Ideenwelt. Führt man die Dihairesis immer weiter, so müßte man auf der einen Seite zu einer obersten Idee, auf der anderen Seite zu

Hermenbüste des Sokrates.
Römische Kopie. Staatliche Museen, Berlin

untersten Ideen gelangen. So wird es verständlich, daß die Dihairesis in der Akademie unter systematischen wie pädagogischen Gesichtspunkten eine wichtige Rolle spielte. Es ist ein besonders glücklicher Umstand, daß wir für dieses Verfahren sowohl Quellen in den Platonischen Dialogen als auch in außerplatonischen Schriften haben.

Man stößt unter den Platonischen Schriften zunächst auf ein Buch mit dem Titel *Definitionen.* Dies ist eine recht bunte Sammlung von zum Teil sehr fragwürdigen, durch Dihairesis gewonnenen Definitionen. Über die Echtheit dieser Sammlung ist immer wieder gestritten worden, aber es kann kein Zweifel sein, daß sie – mag sie vielleicht auch von einem Platon-Schüler stammen – viel echt Platonisches enthält.

Bildnis des Platon. Cambridge, Fitzwilliam Museum

Die besten Quellen sind auch hier die Dialoge, und zwar der *Sophistes* und der *Politikos*. In ihnen findet sich eine Anzahl von Definitionsreihen, die auf dem Weg der Dihairesis gebildet worden sind. Im *Sophistes* sind es häufig die des Sophisten, die hier in schulmäßiger Weise demonstriert werden. Der lehrhafte Charakter wird besonders dadurch betont, daß ein anschauliches Beispiel an den Anfang gestellt wird, die Definition des Angelfischers: *Was aber Großes wohl gelingen soll, darüber sind alle von jeher einig, daß man es zuvor an Kleinem und Leichterem üben müsse, ehe an dem Größten selbst. So auch jetzt, o Theaitetos, rate ich wenigstens uns beiden... Was sollen wir also vornehmen als leicht zu erkennen und klein, dennoch aber nicht kürzerer Erklärung bedürfend als das Größere? Etwa der Angelfischer: ist der nicht etwas allen Bekanntes und viel Mühe auf ihn zu wenden gar nicht wert?... Ein Verfahren aber soll er uns, hoffe ich, zeigen und eine Erklärung, gar nicht unangemessen für das, was wir wollen.* (*Sophistes* 218 c–219 a / IV, 188.)

Man wird nicht daran zweifeln können, daß sich in solchen Versuchen die Definitionsübungen der Akademie widerspiegeln. Wenn es uns heute schwerfällt, diese Übungen und besonders die Definitionsreihe des Angelfischers ganz ernst zu nehmen, dann dürfen wir nicht vergessen, daß erst Aristoteles die hier zugrunde liegenden logischen Probleme ins reine gebracht hat.

Schon zu Platons Zeiten hat man sich dieses Themas, das sich so leicht ins Lächerliche ziehen läßt, bemächtigt, und es ist verständlich, daß sich Anekdote und Komödie am besten als Ausdrucksformen eigneten, wie Herter beschrieben hat: «Bezeichnend ist eine Anekdote, die von Diogenes erzählt wird: Platon hatte, wie auch die Erörterungen des *Politikos* ergeben, den Menschen als zweibeiniges, ungefiedertes Lebewesen definiert; da brachte der Kyniker einen gerupften Hahn herbei mit den Worten ‹Sieh an, der Mensch des Platon›, und er soll sogar den Erfolg gehabt haben, daß zu der Definition noch die Bestimmung ‹flachnagelig› hinzugefügt wurde.»

Schärfer formuliert natürlich die Komödie: «Noch unmittelbarer führt uns die Schilderung eines Komikers, so karikiert sie auch ist, in den Schulbetrieb selbst hinein. Hier berichtet jemand, was die Jüngelchen in der Akademie getrieben hätten: ‹Über die Natur machten sie Definitionen und sonderten das Reich der Tiere und die Natur der Bäume und die Arten der Gemüse. Und da prüften sie denn auch, zu welcher Art der Kürbis gehört.› Einer bezeichnet ihn als rundes Gemüse, ein anderer als Kraut und ein dritter als Baum; da macht ein sizilischer Arzt, der zuhört, seinem Ärger über dies Geschwätz in drastischer Weise Luft, aber die Schüler lassen sich nicht stören, und Platon wird nicht ungeduldig und gibt ihnen auf, von neuem zu definieren: ‹sie aber teilten und teilten›.»[12]

Es ist freilich leicht, über dieses logische Exerzieren zu lachen; man darf dabei aber die große historische Bedeutung dieser ersten Definitionsversuche nicht vergessen.

Zur Ideenlehre im engeren Sinne und zu der dazu gehörenden Dihairesis tritt nun im Leben der Akademie ein dritter Bereich, den wir heute im eigentlichen Sinne «Dialektik» nennen. Die Dialektik bestreitet die absolute Gültigkeit des Satzes vom Widerspruch und nimmt im Gegenteil an, daß möglicherweise ein und demselben Subjekt zur gleichen Zeit einander widersprechende Prädikate zukommen können. Eine oft spielerische Dialektik hatte schon bei den Sophisten eine große Rolle gespielt. Es ist ja auch wirklich leicht, zu zeigen, daß ein und derselbe Mensch zugleich älter und jünger sein kann, wenn man nämlich außer acht läßt, daß es sich um zwei verschiedene Vergleichspersonen handelt. Zenon, der Schüler des Parmenides, hatte den Ernst der Dialektik erkannt. Er sprach ihr zwei Ursachen zu. Die erste Ursache ist der Begriff der Bewegung. Dieser muß Antinomien hervorrufen, sobald man versucht, die dynamischen Bewegungsvorgänge mit statischen Begriffen zu fassen. Die zweite Ursache der Antinomien ist der Totalitätsbegriff, zum Beispiel «die ganze Welt». Hier kommt die Dialektik zustande, wenn man versucht, das Ganze der Welt mit Begriffen zu fassen, die von Teilen der Welt hergenommen sind.

Platon entwickelt die Dialektik in einem Dialog, der nach ihrem Begründer, Parmenides, genannt ist. Es ist ein Gespräch zwischen dem hochbetagten Parmenides, seinem Schüler Zenon und dem jungen Sokrates. Das Gespräch setzt ein, nachdem Zenon seine Schrift über die von ihm entdeckten Antinomien vorgelesen hat. Sokrates diskutiert mit Zenon zunächst den Sinn der vorgetragenen Antinomien, fordert dann aber eine noch grundsätzlichere Dialektik: *Wenn aber jemand, wie ich eben sagte, zuvörderst die Begriffe selbst aussonderte, die Ähnlichkeit und Unähnlichkeit, die Vielheit und die Einheit, die Bewegung und die Ruhe und alle von dieser Art, und dann zeigt, daß diese auch unter sich miteinander vermischt und voneinander getrennt werden können, das, o Zenon, habe er gesagt, würde mir gewaltige Freude machen.* (*Parmenides* 129 d–e / IV, 67.)

Eine solche Dialektik wird im zweiten Teil des *Parmenides*, allerdings als Übungsstück, gelehrt: *Was also willst du tun in Hinsicht der Philosophie? Wohin willst du dich wenden, wenn du über diese Dinge keine Erkenntnis besitzt? – Das glaube ich nicht recht abzusehen für jetzt. – Allzufrüh eben, habe Parmenides gesagt, ehe du dich gehörig geübt hast, o Sokrates, unternimmst du zu bestimmen, was schön ist und gerecht und gut, und so jeden andern Begriff. Schon neulich habe ich dies bemerkt, als ich hörte, wie du dich mit dem Aristoteles unterredetest. Schön allerdings und göttlich, das wisse nur, ist der Trieb, der dich treibt zu diesen Forschungen. Strecke dich aber zuvor noch besser und übe dich vermittels dieser für unnütz gehaltenen und von den meisten auch nur Geschwätz genannten Wissenschaft, solange du noch jung bist: denn wo nicht, so wird dir die Wahrheit entgehen.* (*Parmenides* 135 c–d / IV, 72.)

Ein weiteres Thema im wissenschaftlichen Leben der Akademie war die Frage nach dem Staat. Platons umfangreichstes Werk, die *Politeia*, muß – mit Ausnahme vielleicht des ersten Buches – in der

Akademie entstanden sein, und es wird immer wieder während und nach der Abfassung diskutiert worden sein. Das gleiche muß auch von den *Nomoi* gelten, die Platon in hohem Alter geschrieben und bis zu seinem Tod noch nicht ganz fertiggestellt hat. Ebenso wird der *Timaios*, in dem Platon seine Lehre von der Entstehung und den Grundstrukturen des Kosmos entwickelt hat, aus den naturwissenschaftlichen Gesprächen der Akademie hervorgegangen sein.

Einen Einblick in das Leben der Akademie bekommen wir außerdem durch die Nachrichten über die sogenannte «Altersvorlesung».[13] Platon hat, offenbar nicht lange vor seinem Tod, eine Vorlesung über das Gute gehalten. Neben anderen Mitgliedern der Akademie haben Aristoteles, Speusippos und Xenokrates die Vorlesung gehört. Für fast alle Hörer war sie eine große Enttäuschung, da sie, dem Titel entsprechend, eine Vorlesung über Ethik erwarteten, während Platon fast ausschließlich eine Philosophie der Zahl vortrug. In letzter Zeit bemüht man sich, den Inhalt dieser Altersvorlesung einigermaßen verläßlich zu rekonstruieren. Das ist, wie ich mit anderen glaube, nicht unmöglich; die Arbeiten sind aber noch nicht abgeschlossen.

So kann man sich, obwohl direkte Nachrichten fast ganz fehlen, doch ein gutes Bild von der Akademie machen: Ein Garten in einer der schönsten Landschaften Attikas, ein kleiner Kreis von Hochbegabten und Gleichgesinnten. Versucht man eine Zahl zu nennen, so wird man sagen können, daß die Akademie schwerlich mehr als zwanzig Mitglieder gehabt haben mag. Unter ihnen sind die besten Mathematiker und Naturwissenschaftler der Zeit, die ihre neuen und erregenden Entdeckungen mitteilen. Im Mittelpunkt steht Platon. Der Gang seines Denkens beflügelt die Akademie, und er erhält wichtige Anregungen von ihr. Philosophie und Wissenschaft stehen in ständigem Gespräch, führen einen echten Dialog. So wurde die Akademie Platons, in der zum erstenmal die Idee einer solchen Institution ausgeprägt wurde, zum Ideal aller Akademien und Universitäten.

Die Dialoge

Aristoteles berichtet, ein korinthischer Landmann sei so begeistert von dem Platonischen Dialog *Gorgias* gewesen, daß er seinen Acker und Weinberg verlassen habe, um fortan seine Seele zum Saatfeld für die Platonische Lehre zu machen.[14] Ähnliche Ereignisse werden die Platonischen Dialoge immer wieder hervorrufen.

In ihnen verbinden sich die philosophische, künstlerische und sprachliche Qualität auf einzigartige Weise. Dies hat schon Aristoteles gesehen[15], und Nietzsche sagt, die griechische Muse habe sich, nachdem die Tragödie verklungen war, in die Dialoge Platons geflüchtet.[16] Wir wollen dies an drei Dialogen veranschaulichen, am *Phaidon*, *Laches* und *Timaios*.

Der *Phaidon*, in dem der Todestag des Sokrates geschildert wird,

Kopf des Aristoteles im Kunsthistorischen Museum, Wien. Römische Kopie nach einem griechischen Vorbild um 325 v. Chr.

ist zu allen Zeiten bewundert worden. Hier ist ein großes Thema der Philosophie, der Tod des Unschuldigen, meisterhaft formuliert worden. Die Rahmenerzählung gibt alle wichtigen Informationen, die Gespräche kreisen um Tod, Unsterblichkeit und die Ideenlehre. Wie eine Tragödie sind der Abschied des Sokrates und die Abschiedsworte Platons an den geliebten Meister gestaltet.

Ein ganz anderes Bild gibt der *Laches*. Sokrates, in voller Lebenskraft, ist im Gespräch mit zwei großen athenischen Feldherren. Der Dialog bringt alle Überraschungen des lebendigen Gesprächs, die wohlabgewogene Abwechslung zwischen vorwärtsdrängenden und retardierenden Momenten, die klare Formulierung der philosophischen Probleme, die Auflockerung des Gesprächs durch reizvolle Scherze, die große Zahl ebenso geistreicher wie witziger Pointen. Zu Recht hat man diesen Dialog mit der Komödie verglichen. Zu dieser bedeutenden sprachlichen Qualität kommen die wichtigen philosophischen Aussagen der Frühdialoge, die wir immer wieder herausstellen müssen.

Ganz anders ist der *Timaios* angelegt. In diesem Dialog referiert Sokrates zunächst den Inhalt der *Politeia*, anschließend gibt Kritias eine kurze Darstellung der Geschichte Athens von den mythischen Zeiten an, und zum Schluß unternimmt Timaios, der Pythagoreer aus Lokri, in einem geschlossenen Lehrvortrag eine Darstellung der Entstehung und der Grundstrukturen des Kosmos. Man wird die lehrbuchmäßige Form nicht ohne Befremden lesen, und doch wird man Wilamowitz-Moellendorff zustimmen müssen, wenn er über solche Schwierigkeiten hinweg die sprachlichen Qualitäten gerade auch dieses Dialogs hervorhebt: «Wer es dahin gebracht hat, daß ihm dieses Attisch wirklich lebt, das ein Höchstes menschlicher Rede ist, dem wird der *Timaios* ganz verständlich, und die starke Anspannung des Geistes belohnt sich durch den edelsten Genuß, ganz wie in der archaischen Poesie des Aischylos. Diese beiden unvergleichlichen Künstler der Hellenen fühlen in sich eine dämonische Kraft wie Michel Angelo, muten denn auch ihrem Materiale, der Sprache, nicht weniger zu, als er dem Marmor.»[17]

Wir kommen nun zu den Datierungsfragen der Dialoge. Es geht dabei um zwei Fragen: 1. Wann haben die Gespräche, auf denen die Dialoge beruhen, stattgefunden? 2. Wann hat Platon die einzelnen Dialoge geschrieben?

Für den *Phaidon* ist die erste Frage sicher zu beantworten, da wir das Todesjahr des Sokrates, 399, kennen. Auch für einige andere Dialoge finden sich Anhaltspunkte, aus denen man schließen kann, wann sie stattgefunden haben. Der *Timaios* ist ein Gespräch zwischen Sokrates, Kritias und Hermokrates, dem Feldherrn, der Syrakus erfolgreich gegen die Athener verteidigte. Das Gespräch muß also vor der sizilischen Expedition, das heißt vor 415, geführt worden sein. Aus einer Reihe weiterer Angaben kann man schließen, daß Platon der Auffassung gewesen ist, das Gespräch habe in den Jahren 421/420 stattgefunden. Am *Laches* haben Sokrates, Laches und Nikias teilgenommen. Nikias, der Führer des athenischen Heeres gegen Syrakus, ist nach der Niederlage von 413 entweder gefallen oder nach der Gefangennahme getötet worden, Laches ist 418 in der Schlacht bei Mantinea gefallen. Auch dieser Dialog dürfte also etwa vor 420 geführt worden sein. Im *Parmenides*, einem Gespräch zwischen Sokrates, Parmenides und Zenon, wird Sokrates als junger Mann bezeichnet. Da er 469 geboren ist, muß man das Gespräch ungefähr in das Jahr 450 legen.

Stellt man die Frage nach der Abfassungszeit der Dialoge, so sollte man vermuten, daß Platon wenigstens gelegentlich geschichtliche

Hermenbüste des Zenon in Kopenhagen. Ny Carlsberg Glyptothek. Römische Kopie nach einem griechischen Original des frühen 5. Jhs. v. Chr.

Ereignisse erwähnt, die einen Anhaltspunkt liefern. Dies ist aber nur selten der Fall. Eines der wenigen Beispiele findet sich im *Theaitetos*, an dessen Anfang berichtet wird, der schwerverwundete Theaitetos sei aus dem Lager vor Korinth nach Athen gebracht worden. Obwohl diese Angabe nicht absolut eindeutig ist, kann es sich wohl nur um den Feldzug des Jahres 369 handeln, und aus der ganzen Anlage des Dialogs würde dann folgen, daß er nicht lange nach diesem Jahr geschrieben wurde. Der *Siebente Brief* erwähnt den Tod Dions; er muß also nach 354 abgefaßt worden sein. Das ist aber auch schon so ziemlich alles, was sich an genauen Angaben in den Schriften Platons findet.

Eine ganz andere Frage ist die, ob wenigstens einige Dialoge noch zu Lebzeiten des Sokrates geschrieben worden sind. Verläßliche Anhaltspunkte zur Beantwortung dieser Frage gibt es nicht. Wilamowitz-Moellendorff meint, daß drei Dialoge noch vor dem Tod des Sokrates geschrieben worden seien; fast alle anderen Interpreten lehnen diese Hypothese jedoch ab.

Bei dieser Sachlage hat sich das Problem im 19. Jahrhundert auf die Frage nach der relativen Chronologie konzentriert, auf die Frage also, ob es in der Platonischen Philosophie eine Entwicklung gebe, von der aus man auf die Reihenfolge der Dialoge schließen könne. So verführerisch diese systematische Fragestellung war, so unbefriedigend verliefen die Untersuchungen, bei denen man zu stark divergierenden Ergebnissen kam. Erst um die Jahrhundertwende ist eine Methode entwickelt worden, die es erlaubt, die Dialoge in eine mögliche Reihenfolge zu bringen. Man geht bei dieser Methode von sprachlichen Gesichtspunkten aus. Da sich die Abfassung der Dialoge über einen Zeitraum von gut 50 Jahren erstreckt, ist zu erwarten, daß man gewisse Stiländerungen entdecken und faßbar machen kann. Heute ist man in der Lage, die Stiländerungen mit Computern müheloser als bisher festzustellen, und ich bin der Meinung, daß die mit elektronischen Mitteln durchgeführte Statistik die vorhandenen Arbeiten auf diesem Gebiet bestätigen und erweitern wird.

Ein weiteres Problem ist die Frage nach der Historizität des Sokrates. Wie soll man es verstehen, daß er in allen Platonischen Dialogen – bis auf drei späte – die Gespräche führt? Drei Auffassungen sind möglich. Die erste geht dahin, alles, was Sokrates in den Dialogen sagt, als einen Bericht aufzufassen über das, was der historische Sokrates gesagt hat. Dieser Meinung sind viele Engländer, besonders Burnet.[18] Die entgegengesetzte Auffassung, die vor allem Gigon[19] vertritt, sieht in Sokrates überhaupt keine philosophisch relevante Gestalt. Für sie trägt Sokrates Gedanken Platons vor, in der Art etwa, in der Goethe durch Faust spricht. Eine dritte, eher vermittelnde Position, hat schon Schleiermacher[20] eingenommen. Nach ihr sind die frühen Dialoge eine Darstellung des historischen Sokrates, während in den späteren Dialogen Platon seine eigene Meinung von Sokrates vortragen läßt. Diese Annahme führt zu der schwierigen und noch keineswegs gelösten Aufgabe, die beiden Dialoggruppen voneinander zu unterscheiden.

Ich selbst schließe mich der Auffassung Schleiermachers an. Ich werde die Richtigkeit dieser Auffassung am Dialog *Parmenides* nachzuweisen suchen und anschließend am *Phaidon* ihre Schwierigkeiten aufzeigen. Mir scheint deutlich zu sein, daß der historische Sokrates das, was er im *Parmenides* lehrt, nicht gesagt haben kann. Wir erwähnten schon, daß der von Platon angenommene Zeitpunkt des Gesprächs einigermaßen bestimmbar ist: *Also Antiphon sagte, Pythodoros habe ihm erzählt, Zenon und Parmenides wären einst zu den großen Panathenäen gekommen. Parmenides nun wäre damals schon hoch bejahrt gewesen, ganz weißhaarig, aber edlen Ansehens, wohl fünfundsechzig Jahre alt. Zenon aber wäre etwa vierzig gewesen, wohlgewachsen und von angenehmem Aussehen, auch hätte er dafür gegolten, des Parmenides Liebling gewesen zu sein. Gewohnt hätten sie beim Pythodoros außerhalb der Stadt im Kerameikos, wohin dann auch Sokrates gekommen wäre und einige andere mit ihm, alle begierig, die Schrift des Zenon zu hören; denn damals wäre diese zuerst von jenen hergebracht worden. Sokrates aber wäre damals noch sehr jung gewesen.* (*Parmenides* 127 a–c / IV, 64–65.)

Wenn Sokrates gegenüber dem vierzigjährigen Zenon als sehr jung bezeichnet wird, muß er zur Zeit des Gesprächs etwa 20 Jahre alt gewesen sein, und es hätte dann ungefähr 450 stattgefunden. Nun enthält der Dialog in seiner ersten Hälfte eine zusammenfassende Darstellung der Ideenlehre und eine Diskussion über ihre ontologischen Schwierigkeiten. Dabei wird vorausgesetzt, daß Sokrates die Ideenlehre entwickelt hat und sie schon bis Elea in Unteritalien gedrungen ist. Denn Parmenides, der gerade erst in Athen angekommen ist und den jungen Sokrates zum erstenmal sieht, ist über diese Lehre schon vollkommen informiert. Es ist aber sachlich unwahrscheinlich und nirgends belegt, daß Sokrates schon in so frühem Alter – nämlich einige Jahre vor 450, da die Lehre sich ja von Athen bis nach Unteritalien ausbreiten mußte – sein philosophisches System entworfen hat. Zudem findet sich die erste wirkliche Darstellung der Ideenlehre im *Phaidon,* der erst nach 399 geschrieben worden sein kann, da er auf ein Gespräch aus dem Jahre 399 zurückgeht. Man darf sogar mit guten Gründen annehmen, daß er erst etwa 387 bis 385 verfaßt worden ist. Das würde dann bedeuten, daß, wenn die Ideenlehre von Sokrates schon vor 450 entdeckt worden ist, die erste Nachricht von ihr erst 50 bis 60 Jahre später erscheint. Das aber ist unmöglich. Die im *Parmenides* geführte philosophische Diskussion setzt vielmehr den *Phaidon* voraus, und die in ihm entwickelten philosophischen Probleme sind die Platons etwa zur Abfassungszeit des Dialogs um das Jahr 370.

Schwieriger ist es, die Richtigkeit der Position Schleiermachers am *Phaidon* zu bestätigen. Es ist verständlich, daß Sokrates den letzten Tag seines Lebens, von dem ja der *Phaidon* berichtet, mit seinen Anhängern verbracht hat und daß dabei der Tod und das Leben nach dem Tode zum Thema wurden. Insofern ist der *Phaidon* ein historischer Bericht. In diese Gespräche ist die Ideenlehre eingefügt, und viele Gedankengänge beruhen auf ihr. So kann man verstehen, daß viele Sachkenner das im *Phaidon* über die Ideenlehre Gesagte für einen historischen Bericht halten, und dann müßte natürlich die Ideenlehre von Sokrates vor seinem Tode, also vielleicht in den Jahren 410 bis 400, ausgebildet worden sein. Wenn aber Ideenlehre und Dialektik das philosophische Werk des Sokrates sind, dann ist Platon nichts weiter als ein Berichterstatter. Dagegen freilich lassen sich gewichtige Bedenken geltend machen, die durch Tatbestände in den Dialogen bestätigt werden. Es ist unbestreitbar, daß in den frühen Platonischen Dialogen, die als Berichte über sokratische Gespräche verstanden werden können, wie im *Laches, Lysis* oder *Charmides,* die Ideenlehre nicht vorkommt. In anderen Dialogen, wie etwa dem *Menon,* sind gewisse Vorahnungen der Ideenlehre anzutreffen. Voll ausgestaltet aber ist sie erst im *Phaidon* und in der *Politeia,* also in Dialogen, die nach der Gründung der Akademie, etwa von 387 bis 380, entstanden sind. Damit käme man zu einem merkwürdigen Ergebnis. Platon wäre als ungefähr Zwanzigjähriger (407) zu Sokrates gekommen, hätte bei ihm die Ideenlehre kennengelernt, um sie dann 20 Jahre lang zu verschweigen. Ein solcher Verlauf scheint mir undenkbar.

F. D. E. Schleiermacher

Darüber hinaus haben wir das Zeugnis des Aristoteles, der die Ideenlehre ausdrücklich Platon zuschreibt und nicht Sokrates. Ich bin aus diesen Gründen der Meinung Schleiermachers, daß man die philosophische Leistung Platons von der des Sokrates unterscheiden muß, gebe aber zu, daß es noch nicht gelungen ist, die beiden Dialoggruppen eindeutig voneinander zu trennen. Wenn ich daher in dieser Platon-Darstellung bestimmte Stellen, die Sokrates spricht, Platon zuschreibe, in der vorausgegangenen Sokrates-Monographie[21] andere solche Stellen als Darstellung des historischen Sokrates betrachtet habe, so mußte und muß ich mich dabei weitgehend auf meine Intuition stützen. Bei der jetzigen Forschungslage kann man nichts anderes tun, als hoffen, daß die künftigen Untersuchungen zwei in sich geschlossene Bilder des Sokrates und des Platon liefern werden.

Die Briefe

Die uns überlieferte Sammlung der Werke Platons schließt mit dreizehn Briefen. Darunter befinden sich mehrere kurze und belanglose. Von wirklicher Bedeutung sind lediglich der *Sechste Brief*, der *Siebente Brief* und der *Achte Brief*, und von ihnen wiederum ist der *Siebente Brief* der bei weitem wichtigste. Im 19. Jahrhundert hat man die Briefe im allgemeinen für unecht erklärt. Nun besteht freilich kein Zweifel daran, daß es auch in der antiken Literatur viele Fälschungen gab. Um jedoch ein Werk endgültig für gefälscht zu erklären, müssen doch gewichtigere Gründe beigebracht werden, als man es im 19. Jahrhundert in der Regel für notwendig hielt. Die Verwerfung aller Briefe in Bausch und Bogen erscheint uns heute nicht mehr als gerechtfertigt; vielmehr sind die Sachkenner fast einhellig der Meinung, daß zum mindesten die oben genannten wichtigen Briefe als echte Briefe Platons betrachtet werden müssen. An der Echtheit des *Siebenten Briefes* sind allerdings vor kurzem wieder Zweifel geäußert worden; so 1966 von Gilbert Ryle[22] und Ludwig Edelstein[23]. Zuvor hatten H. G. Gadamer (1964)[24] und W. Bröcker (1963)[25] die

Echtheit wenigstens eines Urbriefes nachdrücklich vertreten. Ich halte die Argumente von Ryle und Edelstein nicht für stichhaltig, sondern schließe mich der Auffassung von Wilamowitz-Moellendorff an, der den *Siebenten Brief* für echt hält.[26] Eine gute Übersicht über die Diskussion der letzten Zeit findet man bei Dönt[27], der für die Echtheit des *Siebenten Briefes* eintritt.

Der überaus umfangreiche, nach dem Tode Dions (354) geschriebene *Siebente Brief* enthält eine Gesamtdarstellung der Beziehungen Platons zu Syrakus, vor allem zu Dionysios I., Dionysios II. und Dion, die wir immer wieder herangezogen haben. In die Darstellung der politischen Ereignisse und menschlichen Probleme ist nun die Ideenlehre eingeflochten, und dieser Darstellung der Ideenlehre geht eine Charakterisierung der Philosophie im Ganzen voraus: *So wurde das hier Ausgesprochene auch gegen den Dionysios ausgesprochen. Doch alles trug weder ich dem Dionysios vor, noch begehrte er es; denn er gab sich den Anschein, als sei er von vielem des Wichtigsten durch die unzureichenden Belehrungen anderer zur Genüge unterrichtet. Später, höre ich, habe er selbst über das, was er damals hörte, geschrieben, indem er es für sein eigenes Kunstwerk, aus nichts von dem, was er hörte, zusammengefügt, ausgab; doch ist mir davon nichts bekanntgeworden. Wohl aber kenne ich einige andere, die über eben diese Gegenstände geschrieben haben, die nicht einmal zur Kenntnis ihrer selbst gelangten. Soviel kann ich aber über alle, welche geschrieben haben und noch schreiben werden, indem sie das zu wissen zu behaupten, worauf mein Bestreben gerichtet ist, ob nun, als haben sie es von mir oder von andern gehört, oder auch selbst ausgesonnen, sagen, daß sie meiner Meinung nach nichts von der Sache verstehen. Von mir selbst wenigstens gibt es keine Schrift über diese Gegenstände, noch dürfte eine erscheinen; läßt es sich doch in keiner Weise, wie andere Kenntnisse, in Worte fassen, sondern indem es, vermöge der langen Beschäftigung mit dem Gegenstande und dem Sichhineinleben, wie ein durch einen abspringenden Feuerfunken plötzlich entzündetes Licht in der Seele sich erzeugt und dann durch sich selbst Nahrung erhält. Soviel wenigstens weiß ich, daß ich, wenn ich es ausspräche oder niederschriebe, auf das sorgfältigste es tun und es mir gewiß vor allen andern leid sein würde, wäre es schlecht abgefaßt. Ergäbe es sich mir aber, daß es sich in einer der Mehrzahl verständlichen Weise niederschreiben und aussprechen ließe, was könnte dann von uns im Leben Schöneres geschehen, als etwa den Menschen zu großem Heile Gedeihendes niederzuschreiben und das Wesen der Dinge für alle an das Licht zu ziehen? Nun aber halte ich das, was sich für einen Versuch hierüber ausgibt, für nichts den Menschen Ersprießliches, mit Ausnahme einiger weniger, welche selbst es vermittels eines leisen Fingerzeiges aufzufinden imstande wären; von den übrigen aber würde es die einen, wie es nicht sollte, mit einer keineswegs angemessenen Geringschätzung erfüllen, die andern aber mit einem hochfliegenden und törichten Dünkel, als haben sie irgendwelche erhabene Wahrheiten begriffen.* (*Siebenter Brief* 341 a–e / I, 316–317.)

Ulrich von Wilamowitz-Moellendorff

Wie soll man diese Worte Platons verstehen? Der Ausgangspunkt ist klar: Dionysios II. und einige andere, wohl in Syrakus Tätige, haben, wie wir heute sagen würden, Lehrbücher der Ideenlehre geschrieben, gegen die sich Platon mit allem Nachdruck wendet. Das ist völlig verständlich, wenn diese Erklärung auch jeden Interpreten Platons – also auch den Autor dieser Monographie – mit Sorge erfüllen muß, wenn er sich die Frage vorlegt, ob Platon auch ihn zu denjenigen rechnen würde, die *meiner Meinung nach nichts von der Sache verstehen.* Die eigentliche Schwierigkeit entsteht aber dadurch, daß Platon auch die eigenen Dialoge unter dieses Verdammungsurteil fallen läßt: *Von mir selbst wenigstens gibt es keine Schrift über diese Gegenstände, noch dürfte eine erscheinen.* Wie soll man von diesen Worten des fast achtzigjährigen Platon her die Dialoge verstehen?

Zwei jüngere Platon-Kenner aus der Schule Schadewaldts, Krämer [28] und Gaiser [29], haben diese Frage aufgegriffen. Sie unterscheiden, einer alten Tradition folgend, zwischen einer exoterischen und einer esoterischen Philosophie Platons. Die Dialoge gehören danach zu der exoterischen Philosophie, sie sind für die breite Öffentlichkeit bestimmt. Die eigentliche Philosophie Platons aber ist die esoterische, die er nur mündlich und im engsten Kreis, also in der Akademie, vorgetragen hat. Die beiden Forscher haben den Versuch unternommen, diese esoterische Philosophie zu rekonstruieren. Ich vermag ihren Gedankengängen allerdings nicht zuzustimmen. Zweifellos gibt es Erwägungen Platons, die in den Dialogen keinen Niederschlag gefunden haben. Hierher gehören vor allem die Reflexionen über eine – wie wir heute sagen würden – «Philosophie der Zahl», die einen wesentlichen Teil der Altersvorlesung ausgemacht haben. Krämer und Gaiser müssen aber bei ihrer Aufgabe, die esoterische Philosophie Platons herauszufinden und niederzuschreiben, notwendig in Widerspruch zu ihrer eigenen Auffassung, daß Platon diese eigentliche Philosophie für nicht schriftlich fixierbar gehalten habe, gelangen.

Athen. Blick auf Akropolis und Areopag

Liest man Platons Erklärung genau, dann sieht man, daß sie sich nicht nur auf das Niederschreiben, sondern ebenso auf das Aussprechen philosophischer Gedanken bezieht: ... *wenn ich es ausspräche oder niederschriebe ... niederschreiben und aussprechen* ... Er spricht hier von einer grundsätzlichen Schwierigkeit innerhalb der Philosophie. Er vergleicht die philosophische Darlegung mit einem Funken, der in die Seele eines Menschen geworfen wird. Die empfangsbereite Seele kann diesen Funken zu einem Feuer werden lassen, das in ihr weiterbrennt. So sind auch alle seine Dialoge und Gespräche Funken, die er in die Seele eines anderen Menschen wirft. Dies gilt nun freilich auch heute. Wer eine Vorlesung über Platon hält, ein Buch über ihn schreibt, kann nichts anderes tun, als eine solche Wirkung auf den Hörer oder Leser auszuüben und auf möglichst starke Resonanz zu hoffen.

Die Epigramme

Unter den Werken Platons sind insgesamt 33 Gedichte erhalten.[30] Davon stehen 25 in der «Anthologia Graeca», und von ihnen wiederum elf bei Diogenes Laertios (D. L. III, 43–45). Die «Anthologia Graeca» setzt sich zusammen aus der «Anthologia Palatina» (Buch 1–15) und der sogenannten «Appendix Planudea» (Buch 16). Die

«Anthologia Palatina» ist eine Sammlung von etwa 3700 Gedichten, die im 10. Jahrhundert entstanden sein dürfte. Welche Gedichte von Platon selbst stammen und welche nicht, darüber herrscht unter den Philologen seit langem Streit. Es ist natürlich nicht leicht, ja fast unmöglich, die Echtheit eines Distichons eindeutig festzustellen. Bei dieser Sachlage führe ich alle unter Platons Namen in der «Anthologia Graeca» erhaltenen Epigramme auf, und gebe am Schluß des Abschnitts einen kurzen Überblick über die Echtheitsfrage.

1. «Anthologia Graeca» V, 78

Auf den Lippen schon schwebte bei Agathons Kuß mir die Seele;
ach, die Trunkene kam, überzugehen in ihn.

2. l. c. V, 79

Werf ich den Apfel dir zu und bist du geneigt, mich zu lieben,
o, so fang ihn und schenk mir deine Keuschheit dafür.
Trägst du andres im Sinn – was der Himmel verhüte! – so fang ihn
doch und bedenke: wie rasch schwindet die Schönheit dahin!

3. l. c. V, 80

Wirft man mich Apfel dir zu, ein Liebender tut es. O sage
ja, Xanthippe! Auch du wirst einmal welken – wie ich.

4. l. c. VI, 1

Ich, die Laïs, die stolz auf Hellas herabsah, an deren
Türe ein drängender Schwarm schmachtender Jünglinge lag,
bringe den Spiegel der Kypris: ich will nicht sehn, wie ich jetzt bin,
und wie dereinsten ich war, kann ich zur Stunde nicht mehr.

5. l. c. VI, 43

Diesen Diener der Nymphen, den Sänger im Teiche, des Regens
frohen Gefährten, den Freund leichten Getröpfels, den Frosch,
formte ein Wandrer aus Erz und stellte ihn weihend hier nieder,
da er in furchtbarer Glut ihn vor Verdursten bewahrt.
Wasser tat er dem Irrenden kund, indem er beizeiten
mit amphibischem Mund quakte aus tauigem Tal.
Ununterbrochen verfolgte der Wandrer die leitende Stimme,
bis er den fröhlichen Trank, den er ersehnte, auch fand.

6. l. c. VII, 99

Tränen spannen die Moiren als Gabe schon Ilions Frauen
und der Hekabe zu, als sie das Leben erblickt.

Du aber, Dion, du prangtest im Kranze leuchtender Taten,
als ein Gott dir die Frucht glänzender Hoffnungen nahm.
Und nun liegst du, geehrt von den Bürgern, in räumiger Heimat.
O, wie hat dich mein Herz, Dion, so glühend geliebt.

7. l. c. VII, 100

Nun, da ich einzig das Wort «Wie schön ist Alexis!» gesprochen,
wird er von allen begafft, überall sieht man ihn an . . .

Handelsschiff und Kriegsschiff auf einer griechischen Vase des späten 6. Jhs. v. Chr. London, British Museum

Herz, was mußt du den Hunden den Knochen zeigen? Du wirst es
später bereuen. Ward uns Phaidros nicht auch so geraubt?

8. l. c. VII, 256

Ach, wir verließen dereinst der Ägäis donnernde Woge,
und bei Ekbatana nun liegen wir mitten im Land.
Schöne eretrische Heimat, fahr wohl! Fahr wohl auch, Euboias
Nachbar Athen! Fahr wohl, du unsre Liebe – o Meer!

9. l. c. VII, 259

Aus Eretria sind wir, der Stadt auf Euboia und liegen
nahe bei Susa, so fern, ach, von der heimischen Flur.

10. l. c. VII, 265

Eines Gestrandeten Grab! Und ein Landmann schlummert daneben:
Siehe Landen und Meer ist er gemeinsam, der Tod.

11. l. c. VII, 268

Sieh, ein Gescheiterter bin ich; doch die mich getötet, die Meerflut,
ließ mir in ziemender Scheu doch noch das letzte Gewand.
Aber mit räubrischer Hand hat's frevelnd ein Mensch mir entrissen,
der um den kleinen Gewinn groß sich mit Sünde belud.
Mag er, mit diesem bekleidet, zum Hades hernieder denn fahren,
daß ihn Minos im Schmuck meines Gewandes erblickt.

12. l. c. VII, 269

Schiffer, viel Glück zu Lande und Meer! Doch wisset, ihr fahrt hier
an dem Grabe und Mal eines Gescheiterten hin.

13. l. c. VII, 669

Schaust nach den Sternen empor, mein Stern. O wär ich mit tausend
Augen der Himmel, ich säh nieder mit ihnen auf dich.

14. l. c. VII, 670

Morgenstern warst du dereinst, der unter den Lebenden strahlte;
nun bei den Toten im Tod strahlst du als Abendgestirn.

15. l. c. IX, 3

Mich, den Nußbaum, pflanzte man hier an der Straße; nun werfen
Jungen so im Vorbei spielend mit Steinen nach mir.
Immerfort treffen sie mich; schon haben sie all meine Äste
und mein sproßend Gezweig mit ihren Steinen geknickt.
Hat es noch Zweck, ein Fruchtbaum zu sein? Ich Armer, ich brachte
meine Früchte doch nur, um mich mißhandelt zu sehn.

16. l. c. IX, 44

Gold fand einer und ließ seinen Strick. Der Verlierer des Goldes
fand statt des Goldes den Strick, nahm ihn und hängte sich auf.

17. l. c. IX, 51

Alles führt weiter die Zeit; die säumenden Jahre des Lebens
ändern des Leibes Gestalt, Namen und Glück und Natur.

18. l. c. IX, 506

Manche erzählen uns wohl, es gebe neun Musen. Wie töricht!
Hat denn Lesbos uns nicht Sappho als zehnte gebracht?

19. l. c. IX, 747

Klein ist der Jaspisstein, doch faßt er im Bilde fünf Kühe,
die wie lebendiges Vieh sämtlich zur Weide hier gehn.
Ja, es entliefe vielleicht auch die kleine Herde der Rinder,
aber ein goldener Pferch hält sie zur Stunde noch fest.

20. l. c. IX, 823

Schweige, bewaldeter Hang der Dryaden! Ihr Bronnen des Felsens
und du, buntes Geblök trächtiger Schafe, verstumm!
Denn Pan selber erhebt auf melodischer Syrinx ein Liedchen,
über der Rohre Gefüg gleitet geschmeidig sein Mund;
und im Reigen um ihn, mit jungem, blühendem Fuße,
tanzen die Nymphen vom Quell, tanzen die Nymphen vom Wald.

21. l. c. XVI, 13

Wandrer, lege dich nieder am Fuß der ragenden Fichte.
Horch, der Zephyr umspielt ruhlos das schauernde Laub.
Murmelnd rieselt der Quell, es klingt meine Syrinx und träufelt
dir bezaubernd ins Aug bald den erquickenden Schlaf.

22. l. c. XVI, 160

Über die Meere hinweg kam Paphia einstens nach Knidos,
denn ihr eigenes Bild wollte Kythere hier sehn.
Als sie im rings überdachten Raum es allseits betrachtet,
rief sie verwundert: «Wo sah je mich Praxiteles nackt?» –
Nicht Praxiteles sah sie – das wäre wohl Sünde –: das Eisen
meißelte Paphia so, wie es ihm Ares gebot.

23. l. c. XVI, 161

Weder Praxiteles hat dich geformt, noch die Schärfe des Meißels,
sondern du zeigst dich uns hier, wie du beim Urteil erschienst.

Kopf des Pan.
Um 400 v. Chr. London, British Museum

24. l. c. XVI, 210

Drin im schattigen Hain, den nun wir betraten, erkannten
wir der Kypria Sohn, rotwangig wie purpurne Äpfel.
Bei sich hatte er nicht den geschwungenen Bogen noch Köcher,
sondern es hingen die Waffen im schimmernden Laub eines Baumes.
Er aber, schlafübermannt, lag mitten in knospenden Rosen,
Lächeln umspielte den Mund, und über die lieblichen Lippen
liefen bräunliche Bienen, die Honig schufen darinnen.

25. l. c. XVI, 248

Eingewiegt, nicht ziseliert, hat hier Diodoros den Satyr.
Rühr ihn nicht an, er erwacht. Schlaf hat das Silber erfaßt.

Es gibt aber noch Platon-Epigramme, die in der «Anthologia Graeca» nicht aufgeführt werden. Man kennt ein Epigramm Platons, in dem er Aristophanes die schöne Würdigung zuteil werden läßt, daß die Chariten auf der Suche nach einem unzerstörbaren Heiligtum die Seele des Aristophanes gefunden hätten:

Suchend nach einem heil'gen Bezirk, welcher niemals zerstört wird,
fanden die Grazien einst des Aristophanes Herz.[31]

Die Frage nach der Echtheit der Epigramme ist unter den Sachkennern oft verhandelt worden, und vieles ist noch strittig. Es bleibt natürlich nahezu unmöglich, die Echtheit eines so kurzen Textes, wie ihn ein Epigramm nun einmal darstellt, schlüssig nachzuweisen. Immerhin ist es mehr als wahrscheinlich, daß ein großer Teil der als Platon-Epigramme überlieferten Texte auch wirklich von Platon

Nymphenrelief, 4. Jh. v. Chr. Nationalmuseum, Athen

Platon. Rekonstruktion eines Sitzbildnisses. Seitenansicht

Vorderansicht

stammt. In diesem Ergebnis stimmen die meisten Gelehrten überein, ebenso darin, das Epigramm auf Dions Tod für echt zu halten. Einen Überblick über die Epigramme gibt Leisegang in der Realenzyklopädie.[32]

Das Bildnis Platons

Zur Zeit sind mehr als zwanzig Bildnisse von Platon bekannt; davon befinden sich sechs in Rom, zwei in Paris und je eines ist in Berlin und Syrakus. Eine zusammenfassende Darstellung aller Platon-Bildnisse findet man in einer Monographie von Böhringer[33] und jetzt in der bewunderungswürdigen Wiedergabe aller bekannten griechischen Porträts bei Gisela Richter[34].

Nach dem übereinstimmenden Urteil der Sachkenner gehen alle Bildnisse, bei denen es sich um hellenistische oder römische Kopien handelt, auf ein einziges Original zurück. Mit größter Wahrscheinlichkeit handelt es sich bei dem Original um eine Bildsäule, die Diogenes Laertios beschreibt: «In dem ersten Buche der Denkwürdigkeiten des Favorin findet sich die Bemerkung, daß der Perser Mithridates eine Bildsäule des Platon für die Akademie stiftete mit der Inschrift: Der Perser Mithridates, des Rhodobatos Sohn, weihte den Musen dies Bildnis Platons, ein Werk des Silanion.» (D. L. III, 25.)

Da Diogenes Laertios ausdrücklich seine Quelle angibt, dürfte der Bericht Vertrauen verdienen. Dann kann man von dem Alter Silanions her schließen, daß die Bildsäule Platons, die in der Akademie stand, nicht lange vor oder nach dem Tode Platons geschaffen worden sein kann, also etwa zwischen 350 und 345. Hekler ist es wahrscheinlich gelungen, eine getreue Wiedergabe des von Silanion geschaffenen Originals, die Figur des sitzenden Platon, herzustellen. Über seine Entdeckung berichtete er 1934[35]: In Kopenhagen befand sich eine kleine, etwa 50 Zentimeter hohe Figur mit der Inschrift: Platon. Sie ist inzwischen zwar nicht mehr vorhanden, doch sind Gipsabdrücke von ihr in Bonn, Dresden, Straßburg, Leipzig und Karlsruhe erhalten. Der Kopf dieser Figur war offensichtlich verlorengegangen und durch einen fremden ersetzt worden. Hekler nun kombinierte die Figur mit einem Kopf, der sich in Athen befand, und er hat auf diese Weise vermutlich eine Kopie des Originals von Silanion für uns zurückgewonnen.

Man muß sich einmal ganz in den Anblick dieses Kopfes versenken. Dies muß freilich vor einer der Kopien geschehen; selbst die besten Fotografien vermögen nicht den gleichen intensiven Eindruck zu vermitteln. Vor allem wird man die Resignation, von der das Porträt Platons geprägt ist, deutlich erkennen können. Wie sehr muß dieser Ausdruck die lebendigen Züge des alten Platon bestimmt haben, wenn sogar die Kopien noch so intensiv davon leben!

Denkt man an Platons Situation in seinen letzten Lebensjahren, so wird man diese Resignation begreiflich finden. Die politischen

Verhältnisse Athens, Griechenlands, Siziliens sind unendlich trübe, Dion ist ermordet worden, Theaitetos an seiner Verwundung allzu früh gestorben; auch Eudoxos, der jüngere Freund, ist schon tot. Nichts von dem strahlenden Optimismus der *Politeia* ist verwirklicht worden.

Doch nicht ganz kann die Resignation, von der das Bildnis Platons beherrscht wird, seine Zuversicht auf das ewige Sein und die ewige Gültigkeit der Ideen verbergen.

Tod und Testament

Versucht man, den Grund und die Tragweite der Resignation, die den alten Platon überkommen hatte, zu ermitteln, so bieten sich verschiedene Interpretationsmöglichkeiten an. Wilamowitz-Moellendorff versteht die Resignation wesentlich vom Politischen her. Er behandelt sie im vorletzten Abschnitt seiner Platon-Darstellung, den er mit «Resignation»[36] überschreibt. In ihm interpretiert er die *Nomoi*, das letzte, unvollendet gebliebene Werk Platons: «Man muß sich erinnern, daß er schreibt, während Athens zweiter Seebund zusammengebrochen ist, Sparta und Theben erschöpft sind, in Delphi die phokischen Tyrannen mit den Schätzen des Gottes eine Söldnerschar halten, die nach allen Seiten gewalttätig übergreift, in Sizilien die Zersetzung vollkommen ist...»[37]

Auch die zusammenfassende Charakterisierung, die Wilamowitz-Moellendorff von Platon gibt, ist wesentlich von diesem Gesichtspunkt bestimmt: «Die Tragödie seines Lebens, der Zusammenbruch seiner Hoffnungen, die Kränkungen, die er persönlich erfuhr, haben seine Seele verdüstert.»[38]

Doch daß auch Wilamowitz-Moellendorff in der Resignation nicht die endgültige und letzte Stufe in der Entwicklung Platons sieht, geht aus dem nächsten Abschnitt mit der Überschrift «Tod und Unsterblichkeit» hervor. In diesem letzten Abschnitt seines Buches hebt er Platons Bedeutung für die Wissenschaft, seine Ideenlehre und seine Lehre vom Unsterblichen im Menschen kraftvoll und rühmend hervor.

Eine uferlose Skepsis findet sich dagegen in der Platon-Darstellung von Hans M. Wolff: «Diese Einsicht lenkt unsere Aufmerksamkeit von neuem auf die Bemühungen des alten Plato, das ganze Ausmaß seiner Skepsis zu verhüllen. Schon in den großen kritischen Dialogen, in denen sich die Abwendung von der Ideenlehre vollzogen hatte...»[39]

Der Ausgangspunkt dieser Interpretation scheint mir völlig unrichtig zu sein, da meiner Ansicht nach keine Rede davon sein kann, daß Platon eine Abwendung von der Ideenlehre vollzogen hat. Dagegen spricht, daß Platon in dem nicht lange vor seinem Tod geschriebenen *Siebenten Brief* die Ideenlehre mit allem Nachdruck vertritt. Ich glaube vielmehr, daß Platon stets an der Bemerkung festgehalten hat, die sich am Schluß des ersten Teiles von *Parmenides* findet: *Dennoch aber, o Sokrates, habe Parmenides gesagt, muß dies und noch gar vieles andere von den Begriffen gelten, wenn diese Ideen Seiendes sein sollen und jemand als etwas für sich jeden Begriff setzen will. So daß, wer es anhört, bedenklich werden muß und bestreiten, daß dergleichen überhaupt ist, oder wenn ja, daß es ganz notwendig der menschlichen Natur unerkennbar sein müßte. Und wer dies sagt, muß nicht nur glauben, etwas Rechtes zu sagen, sondern auch, wie wir eben sagten, sehr schwer eines andern zu überzeugen sein; und sehr wohl begabt muß der sein, der dies soll begreifen können, daß eine Gattung jedes einzelnen ist und ein Wesen an sich; noch vortrefflicher aber der, welcher es ausfindet und dies alles gehörig auseinandersetzend auch andere lehren kann. – Dies, o Parmenides, räume ich dir ein, sprach Sokrates, denn du sagst es ganz nach meinem Sinn. – Dennoch aber, o Sokrates, sagte Parmenides, wenn jemand auf der andern Seite nicht zugeben will, daß Begriffe Seiendes sind, weil er eben auf alles Vorige und mehr Ähnliches hinsieht und keinen Begriff für jedes Besondere bestimmt setzen will: so wird er nicht haben, wohin er seinen Verstand wende, wenn er nicht eine Idee für jegliches Seiende zuläßt, die immer dieselbe bleibt, und so wird er das Vermögen der Dialektik gänzlich aufheben; welche Folge du eben vornehmlich scheinst beachtet zu haben. – Ganz richtig, habe Sokrates gesagt.* (Parmenides 134 e–135 c / IV, 71–72.)

Trotz allen Einwänden bleibt die Ideenlehre ein notwendiger Ansatz, und deshalb scheint mir die auf Wissenschaft und Ideenlehre bezogene Interpretation von Wilamowitz-Moellendorff besser zu sein als die von Wolff. Man kann über den Ansatz Wilamowitz-Moellendorffs sogar noch weit hinausgehen, wenn man sich einmal klarmacht, daß die Bedeutung der Wissenschaft – und damit die Bedeutung Platons – für das Leben der Menschen ständig zunimmt. Die Ausführungen des *Siebenten Briefes* zeigen, daß auch Platon die Möglichkeiten der Wissenschaft für die Zukunft gesehen und seinen eigenen fundamentalen Anteil an ihrem Ausbau gekannt hat.

Über Platons Tod schreibt Diogenes Laertios: «Gestorben ist er, wie Hermippos berichtet, bei einem Hochzeitsschmaus im ersten Jahr der 108. Olympiade [348/347 v. Chr.] im Alter von einundachtzig Jahren.» (D. L. III, 2.)

Kurz darauf gibt Diogenes einen weiteren Bericht: «Sein Tod fällt in das dreizehnte Jahr der Herrschaft des Königs Philippos, wie Favorin im dritten Buche seiner Denkwürdigkeiten sagt... Beerdigt wurde er in der Akademie, wo er die meiste Zeit mit philosophischer Arbeit zubrachte. Daher wurde denn seine Sekte auch die Akademische genannt, wie denn auch die gesamte Bevölkerung dieses Bezirkes ihm das Grabgeleite gab.» (D. L. III, 40 f.)

Schon Diogenes bringt also verschiedene Nachrichten über Platons Tod; sie stimmen aber darin überein, daß Platon im Alter von einundachtzig Jahren (348/347) gestorben ist. Diogenes Laertios führt auch Platons Testament auf: «Folgendes ist die Hinterlassenschaft

Kopf des Platon, die beste Wiedergabe von Silanions Porträt. Privatbesitz

Tetradrachme Philipps II. von Makedonien. Vorderseite

Platons und seine Verfügung darüber: Das Grundstück am Iphaistiadenheiligtum, in dessen Nähe nördlich der Weg vom Kephisiadenheiligtum sich hinzieht, südlich das Herakleion im Iphaistiadenheiligtum liegt und das östlich den Archestratos aus dem Demos Phrearrhoi, westlich den Philippos aus dem Demos Chollidai zum Nachbar hat. Dies zu verkaufen oder in andere Hände zu bringen, soll niemandem erlaubt sein, sondern es soll, wenn irgend möglich, im Besitz des jungen Adeimantos verbleiben. Das Grundstück in Eiresidai, das ich von Kallimachos gekauft habe, das nördlich zum Nachbar den Eurymedon aus dem Demos Myrrhinus hat, südlich den Demostratos aus dem Demos Xypete, östlich den Eurymedon aus Myrrhinus, und westlich an den Kephisos grenzt. An Silber drei Minen, eine silberne Schale im Werte von hundertfünfundsechzig Drachmen, ein Trinkbecher im Werte von fünfundvierzig, ein goldner Fingerring und ein goldner Ohrring, beide zusammen im Werte von vier Drachmen und drei Obolen. Der Steinmetz Eukleides schuldet mir drei Minen. Der Artemis schenke ich die Freiheit. Tychon, Biktas, Apolloniades, Dionysios hinterlasse ich als Sklaven. An Geräten das, was

Rückseite

im Verzeichnis steht, von dem Demetrios eine Abschrift hat. Ich schulde keinem Menschen irgend etwas. Zu Testamentvollstreckern ernenne ich den Sosthenes, Speusippos, Demetrios, Hegias, Eurymedon, Kallimachos, Thrasippos.» (D. L. III, 41–43).

Dies ist nun allerdings keine große Erbschaft, was schon daraus hervorgeht, daß nur fünf Sklaven genannt werden. Über das zuerst genannte Grundstück haben wir schon gesprochen. Das zweite, von Platon neugekaufte Grundstück ist sicher nicht das der Akademie; man darf vielmehr vermuten, daß Platon vor seinem Tode die Verhältnisse der Akademie geordnet und ihr dabei das Grundstück übertragen hatte. (Genaue Angaben finden sich bei Philippson-Kirsten: «Die griechischen Landschaften», Bd. I, 3, Frankfurt a. M. 1952, S. 873 f.)

An dem Vermögen der alten athenischen Familie hatten die nie abreißenden Kriege wohl sehr gezehrt, und Platon selbst war es gewiß zeit seines Lebens mehr um die Tiefe der Philosophie als um die Größe seines Vermögens gegangen.

GRIECHENLAND

Die Dichtkunst

Wir wollen in diesem zweiten Teil versuchen, Platons Stellung zu den großen Mächten des griechischen Lebens, der Kunst und den Göttern, deutlich zu machen. Immer werden wir dabei auf eine nie ganz zu klärende Zwiespältigkeit stoßen. Athen erglänzt von Kunstwerken, erglüht unter den Worten seiner Dichter, ist berauscht von Musik und Tanz. Platon liebt in seinem Herzen die Künste von Jugend an, als Philosoph verdammt er sie. Die Götter Griechenlands werden von Philosophen, besonders den Sophisten, und der Komödie hart angegriffen, aber im Volk herrschen sie weiter. In seinem Herzen liebt Platon die Götter, vor allem Apollon und die Musen, denen er – sicher nicht gegen seine Überzeugung – die Akademie geweiht hat. Dem Philosophen Platon bedeutet die vielfältige Schar der Götter nichts mehr, er kennt nur einen Gott.

Wie differenziert Platons Stellung zur Kunst ist, zeigt sich in seinen verschiedenen Werken. In der Ideenlehre wird allen Kunstwerken nur ein geringes Sein zugesprochen, in den Staatsentwürfen, der *Politeia* und den *Nomoi,* wird die Kunst bis auf geringe,

Musenbasis von Mantinea. Mitte 4. Jh. v. Chr. Athen, Nationalmuseum

Achilleus verbindet den verwundeten Patroklos.
Innenbild einer Schale des Sosias (um 500 v. Chr.).
Staatliche Museen, Berlin

dem Staat nützliche und von ihm kontrollierte Reste verbannt. Im Gegensatz hierzu ist die Idee des Schönen eine der zentralen Ideen; ferner gehören die Dialoge zu den größten Kunstwerken der griechischen Sprache. Ein weiteres Zeugnis für die positive Einstellung Platons zur Kunst sind außerdem seine Gedichte. Eine völlig befriedigende Synthese beider Tendenzen ist schwerlich möglich. So kann sich eine Darstellung wohl kein anderes Ziel setzen, als diese vorhandene Zwiespältigkeit aufzuzeigen.

Die Ablehnung der Dichtkunst finden wir schon bei Sokrates vorbereitet. In Griechenland gehen Mythos und Dichtung ohne Bruch ineinander über, und so kann denn Sokrates im Hinblick auf beide fragen: Ist das hier Erzählte wirklich alles wahr? *Auch Krieg, glaubst du also wirklich, daß die Götter haben gegeneinander und gewaltige*

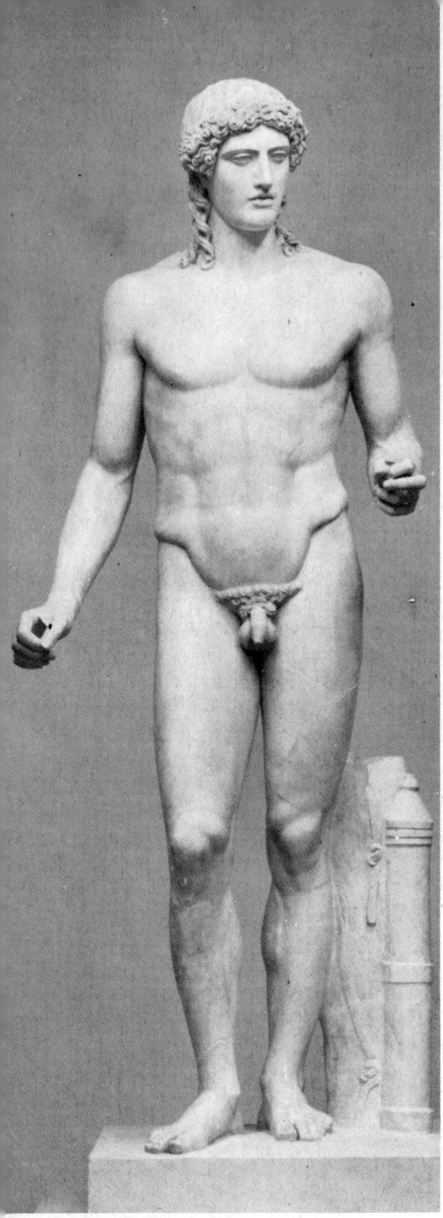

Statue des Apollon als Bogenschütze in Kassel. Römische Kopie eines Werkes des Bildhauers Phidias (um 450 v. Chr.)

Feindschaften und Schlachten und viel anderes dergleichen, wie es von den Dichtern erzählt wird, und wie es teils an andern heiligen Orten von guten Malern abgebildet ist, teils auch der Teppich voll ist von solchen Abbildungen, der an den großen Panathenäen in die Akropolis hinaufgetragen wird? Dies alles wollen wir für wahr erklären, Euthyphron?

Euthyphron, der Priester, bejaht diese Frage freilich: *Und zwar nicht dieses allein, o Sokrates; sondern, wie ich eben sagte, noch vieles andere kann ich dir, wenn du willst, von göttlichen Dingen erzählen ...* (*Euthyphron* 6 b–c / I, 183.)

Man darf aber trotz der Selbstsicherheit, mit der der Priester die Frage des Sokrates beantwortet, nicht vergessen, daß die Frage nach der Wahrheit für den Mythos tödlich ist. Und gerade diesen Vorwurf der Unwahrheit erhebt auch Platon gegen die Dichter: *Und wiederum die Schleifungen des Hektor um das Grabmal des Patroklos und die Schlachtung der Gefangenen auf seinem Scheiterhaufen, alles das wollen wir leugnen, daß es der Wahrheit gemäß erzählt sei, und wollen die Unsrigen nicht glauben lassen, daß Achilleus, der Sohn einer Göttin und des höchst verständigen Peleus, des dritten vom Zeus her, und der Zögling des weisen Cheiron, so ganz verworren gewesen, daß er zwei einander entgegengesetzte Krankheiten in sich nährte, nämlich Niedertracht mit Habsucht und zugleich Übermut gegen Götter und Menschen.* (*Politeia* 391 b–c / III, 124.)

Büste des Homer.
Römische Kopie nach einem griechischen Vorbild um 300 v. Chr.
Nationalmuseum, Neapel

Man wird Platon kein Unrecht tun, wenn man diese seine Meinung in dem Satz zusammenfaßt: die Dichter lügen. So nennt er den Mythos von Uranos und seine Nacherzählung durch Hesiod einfach die «größte Lüge» (*megiston... pseudos*): *Zuerst, sagte ich, die größte Unwahrheit und über die größten Dinge hat der gewiß gar nicht löblich gefälscht, welcher gesagt hat, Uranos sollte getan haben, was Hesiodos von ihm erzählt, und auch Kronos so Rache an ihm genommen.* (*Politeia* 377 e / III, 114.)

Diese grundsätzliche Ablehnung der Dichtung führt nun zunächst zur Distanzierung von Homer, dem Ausgangspunkt der Dichtung, Erziehung und Bildung in Griechenland: *Also, sagte ich, o Glaukon, wenn du Lobredner des Homeros antriffst, welche behaupten, dieser Dichter habe Hellas gebildet, und bei der Anordnung und Förderung aller menschlichen Dinge müsse man ihn zur Hand nehmen, um von ihm zu lernen, und das ganze eigene Leben nach diesem Dichter einrichten und durchführen: so mögest du sie dir gefallen lassen und mit ihnen, als die so gut sind, wie sie nur immer können, vorliebnehmen, auch ihnen zugeben, Homeros sei der dichterischste und erste aller Tragödiendichter, doch aber wissen, daß in den Staat nur der Teil von der Dichtkunst aufzunehmen ist, der Gesänge an die Götter und Loblieder auf treffliche Männer hervorbringt.* (*Politeia* 606 e–607 a / III, 298.)

Folgerichtig kommt es auch zu einem ausdrücklichen Angriff auf Euripides. Er starb im Jahre 406, als Platon 21 Jahre alt war. Platon muß ihn also noch gekannt haben. Er sagt von ihm: *So ist es denn gar nicht töricht, fuhr ich fort, daß die Tragödie überhaupt für weise gehalten wird und ganz besonders in ihr noch Euripides.* (*Politeia* 568 a / III, 266.)

Daß dieses scheinbare Lob in Wirklichkeit scharfe Kritik an Euripides übt, geht aus dem Fortgang des Gesprächs hervor: *Und recht als etwas Gottgleiches, sprach er, verherrlicht er die Tyrannei, und noch sonst auf vielerlei Art, er sowohl als die andern Dichter. – So werden ja wohl, sagte ich, die Tragödiendichter, wenn sie weise sind, auch uns... verzeihen, daß wir sie als Lobredner der Tyrannei in unsere Verfassung nicht mit aufnehmen können.* (*Politeia* 568 b / III, 266–267.)

Zwiespältig ist Platons Verhältnis zu Aristophanes, den er gut gekannt haben muß, da er erst nach 388 gestorben ist. Im Jahre 423 hatte Aristophanes seine Komödie «Die Wolken» aufführen lassen, in der Sokrates stark karikiert wird. Eine alte Anekdote berichtet, Sokrates habe sich unter den Zuschauern befunden und sei während der Vorstellung aufgestanden, damit man den Sokrates auf der Bühne mit dem wirklichen Sokrates vergleichen könne. Eine solche Reaktion ist ihm zuzutrauen. Sehr viel schärfer reagiert Sokrates in seiner Verteidigungsrede, in der er Aristophanes unmißverständlich, allerdings ohne ihn mit Namen zu nennen, als einen derjenigen bezeichnet, die den Haß gegen ihn entfacht haben. Aus dieser Anklage wird Platon geschlossen haben, daß Aristophanes auch zum Tod des So-

Hermenbüste des Euripides. Nationalmuseum, Neapel. Römische Kopie nach einem griechischen Original um 330 v. Chr.

krates beigetragen habe: *Allein jene sind furchtbarer, ihr Männer, welche viele von euch schon als Kinder an sich gelockt und überredet, mich aber beschuldigt haben ohne Grund, als gäbe es einen Sokrates, einen weisen Mann, der den Dingen am Himmel nachgrüble und auch das Unterirdische alles erforscht habe und Unrecht zu Recht mache. Diese, ihr Athener, welche solche Gerüchte verbreitet haben, sind meine furchtbaren Ankläger.* (*Apologie* 18 b–c / I, 10.)

Am *Symposion* dagegen (verfaßt 370, bezogen auf das Jahr 416) nehmen Sokrates und Aristophanes teil, ohne daß von einer Verstimmung zwischen den beiden etwas zu spüren ist. Den Schluß des *Symposion* bildet ein Trinkgespräch zwischen Agathon, Sokrates und Aristophanes: *... nur Agathon, Aristophanes und Sokrates hätten allein noch gewacht und aus einem großen Becher rechts herum getrunken, und Sokrates habe mit ihnen Gespräch geführt ... die Hauptsache aber wäre gewesen, daß Sokrates sie nötigen wollte einzugestehen, es gehöre für einen und denselben, Komödien und Tragödien dichten zu können, und der künstlerische Tragödiendichter sei auch der Komödiendichter.* (*Symposion* 223 c bis d / II, 250.)

Von dieser Stelle her wird es verständlich, daß Platon den Aristo-

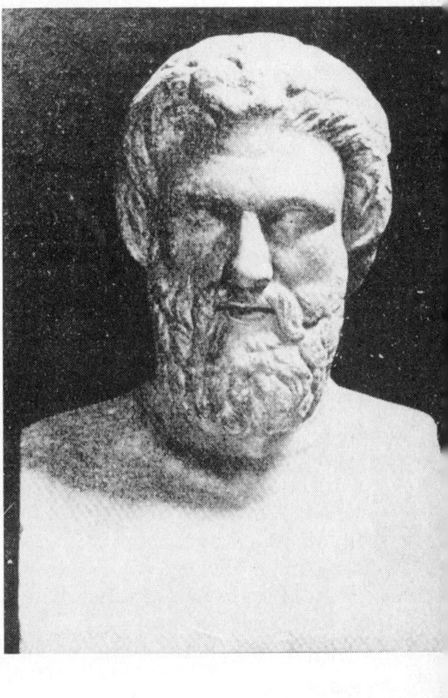

Sog. Aristophanes. Florenz, Uffizien

Sappho. Kopf einer Bronzestatue aus dem Piräus. Athen. Kopie nach einem Werk um die Mitte des 4. Jhs. v. Chr. (Wohl von Silanion, dem Meister des Platon-Porträts.)

phanes in dem Epigramm, das ich auf Seite 73 aufgeführt habe, feiert.

Das Verhältnis Platons zu Sappho darf als reine Bewunderung aufgefaßt werden. Als Phaidros zu Beginn des nach ihm benannten Dialogs eine Liebesrede des Lysias verliest, antwortet Sokrates mit dem Hinweis darauf, daß die «schöne Sappho» dasselbe besser gesagt habe: *... offenbar aber habe ich dergleichen von irgend jemand gehört, entweder von der schönen Sappho oder von dem weisen Anakreon, oder auch von Schriftstellern in ungebundener Rede.* (*Phaidros* 235 c / IV, 17.)

So kann man auch das oben zitierte Epigramm auf Sappho (vgl. S. 71) für echt halten.

Man darf daher auch annehmen, daß Platons Liebe zu Homer immer lebendig geblieben ist, obwohl er ihn als Philosoph ablehnte: *Ich muß mich wohl erklären, sprach ich, wiewohl eine Liebe und Scheu, die ich von Kindheit an für den Homeros hege, mich hindern will zu reden.* (*Politeia* 595 b / III, 288.)

Kurz darauf betont Platon, wie sehr ihn die Dichtkunst anzieht: *... da wir uns bewußt sind, wie auch wir von ihr angezogen werden. Aber was uns wahr dünkt preiszugeben, wäre doch nicht ohne Frevel. Nicht wahr, Freund, zieht sie dich nicht auch an, und am meisten, wenn sie dir im Homeros erscheint? – Dann bei weitem.* (*Politeia* 607 c–d / III, 298.)

Das gleiche Zeugnis legt er für die Musen ab: *Wie aber wiederum, wenn einer sich nach der Gymnastik tüchtig abarbeitet und sehr kräftig nährt, Musik aber und Philosophie ganz unberührt läßt? Wird er dann nicht zuerst sich vortrefflich befinden, voll Mut und Aufstrebens sein und tapferer werden als vorher? – Ganz gewiß. – Wie aber, wenn er nun gar nichts anderes tut noch mit irgendeiner anderen Muse irgend Gemeinschaft hat? Muß nicht, wenn auch etwas Lernbegieriges in seiner Seele war, dieses, da es keine Kenntnis noch Untersuchung zu kosten bekommt, an keiner Rede noch Musik teil-*

Musenbasis von Mantinea

Griechische Musik.
Darstellung auf einem attischen Glockenkrater. 5. Jh. v. Chr. Privatbesitz

hat, notwendig schwach und taub und blind werden, da es weder aufgeregt noch genährt wird, noch seine Wahrnehmungen gereinigt? – So verhält es sich. – Ein Redefeind, meine ich, wird also ein solcher, und ein ganz Musenloser; und mit Überredung durch Worte weiß er nichts mehr anzugreifen, sondern nur mit Gewalt und Wildheit wie ein Tier will er alles ausrichten, und in Unverstand und linkischem Wesen, taktlos und ohne Anmut lebt er. (Politeia 411 c–e / III, 142.)

Selten ist die Notwendigkeit des Musischen klarer und eindringlicher hervorgehoben worden als von Platon. Man wird seine Meinung wohl dahin zusammenfassen können: zum Menschen gehört die Liebe zu den Musen.

Der Überblick über Platons Stellung zur Dichtkunst hat gezeigt, wie zwiespältig sein Verhältnis zur Kunst war. Da ist der doktrinäre Platon, der besonders die Dichtkunst auf das staatspolitisch Wünschenswerte beschränkt. Im Gegensatz dazu steht der andere Platon, der erklärte Freund Apollons und der Musen und selbst einer der großen Künstler der griechischen Sprache.

Musik und Tanz

Ebenso ambivalent ist Platons Verhältnis zur Musik. Nun wird zwar in allen gelenkten, um nicht zu sagen diktatorisch geleiteten Staaten, wozu wir ja den Staat Platons rechnen müssen, die Musik bei weitem nicht in dem Maße kontrolliert wie die Bildende Kunst oder gar die Dichtkunst. Daß die Musik sehr locker am Zügel geführt wird, kann man auch für Platons Staatsentwurf sagen.

Zunächst ist die griechische Erziehung wesentlich eine musische Erziehung. Wir haben dabei die Auffassung vertreten, daß die Vorschriften, die Platon in der *Politeia* und den *Nomoi* gibt, aus der Erinnerung an seine eigene Jugend stammen. In der *Politeia* sagt er: *Welches ist also ihre Erziehung? Oder ist es wohl schwer, eine bessere zu finden als die durch die Länge der Zeit gefundene? Und da ist doch die für den Leib die Gymnastik und die für die Seele die Musik? – So ist es.* (*Politeia* 376 e / III, 113.)

In den *Nomoi* heißt es: *Soll uns nun zuerst das für wahr gelten? Wollen wir annehmen, die erste Erziehung erfolge durch die Musen und Apollon? Oder wie? – Wie du sagst. – Werden wir also nicht den der Erziehung Ermangelnden für ungeübt im Reigentanze, den Wohlerzogenen für hinlänglich geübt darin ansehen? – Wie anders? – Gewiß besteht aber der Chorreigen insgesamt in Tanz und Gesang. – Notwendig. – So dürfte also wohl der schön Erzogene imstande sein, schön zu singen und zu tanzen.* (*Nomoi* 654 a–b / VI, 36.)

Bei einer so starken Betonung des Musischen für die Erziehung wird es verständlich, daß Platon sich wiederholt auf den Musiktheoretiker Damon bezieht. Von Damon ist uns nicht viel überliefert. Er lebte im 5. Jahrhundert v. Chr., war Staatsmann und ein Freund des Perikles; zwischen 450 und 440 wurde er durch ein Scherbengericht aus Athen verbannt. Man weiß, daß er eine große Rede gehalten und seine Musiktheorie in einer Schrift veröffentlicht hat.

Das Virtuosentum und Musikverständnis Damons rühmt Platon schon im *Laches* (vgl. *Laches* 180 d / I, 154). Bei der Erörterung der Funktion der Musik im Staat wird auf Damon verwiesen: *So wollen wir denn dies, sagte ich, erst mit dem Damon beraten ...* (*Politeia* 400 a–b / III, 132.)

Schließlich gibt Platon sogar ein Zitat Damons wieder, dessen Richtigkeit er hervorhebt (vgl. *Politeia* 424 c / III, 152).

Für Musik und Tanz gelten zwei Grundbestimmungen: Erstens muß unter pädagogischen und staatspolitischen Aspekten genau ausgewählt werden, was erlaubt ist; zweitens muß durch strenge Gesetze die Unveränderlichkeit des einmal Erlaubten festgelegt werden. Bei der Auswahl der Musik schwankt Platon zwischen einer engeren und einer weiteren Auffassung. Die engere Auffassung steigert sich nicht selten bis zum Pedantischen, und wenn Platon von den *Tänzen der Tugend* spricht: wer kann sich da eines Lächelns enthalten? *Denn gewiß wird niemand sagen, daß die Reigentänze der Schlechtigkeit schöner seien als die* (Reigentänze) *der Tugend ...* (*Nomoi* 655 c / VI, 37.)

In der *Politeia* sagt Platon über die Tonarten: *Welches sind nun die klagenden Tonarten? Sage du es mir, denn du bist ja ein Tonkünstler. – Die vermischtlydische und die hochlydische und einige ähnliche. – Diese also sind auszuschließen; denn sie sind schon Weibern nichts nütze, die tüchtig werden sollen, geschweige Männern. – Freilich. – Aber Trunkenheit ist doch für Wehrmänner das Unziemlichste, und Weichlichkeit und Faulheit. – Gewiß. – Welche Tonarten*

Kultischer Tanz. Darstellung auf einer attischen Kalpis des Kleophradesmalers. Anfang 5. Jh. v. Chr. Privatbesitz

Symposion.
Innenbild einer attischen Schale des Brygosmalers.
Anfang 5. Jh. v. Chr. Vatikan, Rom

sind also weichlich und bei Gastmahlen üblich? – Ionische, sprach er, und lydische werden schlaff genannt. – Wirst du also diese, Lieber, für kriegerische Männer wohl irgend brauchen können? – Keineswegs, sagte er, und also scheint dir nur dorisch und phrygisch übrigzubleiben. – Ich kenne, sagte ich, die Tonarten nicht; aber lasse mir jene Tonart übrig, welche dessen Töne und Silbenmaße angemessen darstellt, der sich in kriegerischen Verrichtungen und in allen gewalttätigen Zuständen tapfer beweist, und der auch, wenn es mißlingt oder wenn er in Wunden und Tod geht oder sonst von einem Unglück befallen wird, in dem allen wohlgerüstet und ausharrend sein Schicksal besteht. Und noch eine andere für den, der sich in fried-

Griechische Saiteninstrumente. Attischer Kelchkrater des Kleophon. Mitte des 5. Jhs. v. Chr. Syrakus, Nationalmuseum

licher und nicht gewaltsamer, sondern gemächlicher Tätigkeit befindet ... Diese beide Tonarten, eine gewaltige und eine gemächliche ... diese lasse mir. – Wohl! sprach er, du willst keine andern behalten, als die ich schon eben nannte. – Also, sprach ich, werden wir keiner vielsaitigen Instrumente und keines auf allerlei Tonarten eingerichteten bedürfen zu unsern Gesängen und Liedern ... Und wir werden ja auch wohl nichts Arges tun, sprach ich, wenn wir denn Apollon und dessen Instrumente dem Marsyas und den seinigen vorziehen. (*Politeia* 398 d–399 e / III, 131–132.)

Aber Platon vertritt an anderen Stellen auch eine großzügigere Auffassung, in der er nicht nur Apollon, sondern auch Dionysos gelten läßt: *Ferner haben, behaupteten wir, die Götter uns aus Mitleid den Apollon und die Musen zu Reigengenossen und Reigenführern gegeben; ja noch von einem dritten, dem Dionysos, behaupteten wir das, wenn wir uns dessen noch erinnern.* (Nomoi 665 a / VI, 47.)

Was nun aber einmal erlaubt worden ist, es sei nun nach der engeren oder der weiteren Auffassung, das muß unverändert bleiben: *Um es also in kurzem zu sagen, hierauf müssen die Vorsteher der Stadt halten, daß es ihnen nicht unvermerkt in Verfall gerate, sondern sie dieses ja vor allen Dingen verhüten, daß irgend etwas geneuert werde in der Gymnastik und Musik gegen die Einrichtung, vielmehr sie diese aufs möglichste aufrecht halten; und wenn einer sagt, es ehre*

«‹den› Gesang das lauteste Lob der Menschen,
Welcher den Hörenden rings als neuester immer ertönet»,

Dionysos und Satyr. Innenbild einer Schale des Makron. Anfang 5. Jh. v. Chr. Staatliche Museen, Berlin

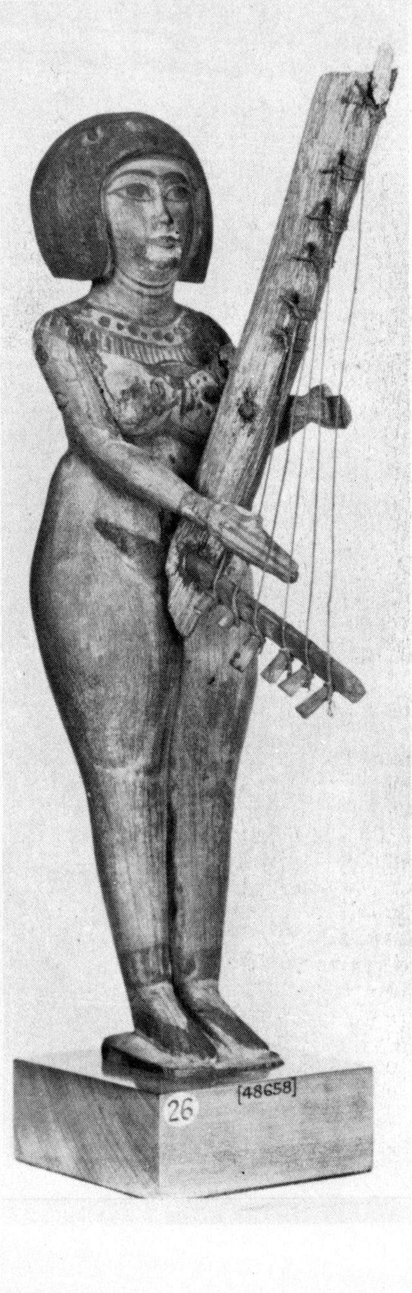

sich wohl vorsehen, daß nicht etwa einer glaube, der Dichter meine nicht bloß neue Gesänge, sondern neue Gattungen des Gesanges und lobe dieses. Dergleichen darf man aber nicht loben und es auch so nicht verstehen. (*Politeia* 424 b–c / III, 152.)

Das Vorbild für eine solche gesetzlich verordnete Unveränderlichkeit ist Ägypten, und Platon stellt mit Bewunderung fest, daß dort seit zehntausend Jahren jede Kunst gleichgeblieben ist (vgl. *Nomoi* 656 e / VI, 39). Aber Platon sieht auch die Gefahr, die in einer solchen gesetzlich verordneten Verhärtung liegen würde. Die Künste selbst würden absterben, wenn man den Künstler daran hinderte, nach Neuem zu suchen: *Offenbar würden uns alle Künste gänzlich untergehen und könnten sich auch in Zukunft gar nicht wieder erzeugen wegen des das Forschen untersagenden Gesetzes; so daß das Leben, welches jetzt schon schlecht genug ist, zu einer solchen Zeit gar nicht würde zu leben sein.* (*Politikos* 299 e / V, 58.)

In dieser lange nach der *Politeia* geschriebenen Stelle drückt Platon noch einmal unüberhörbar seine Überzeugung aus: Wenn die Kunst nicht wäre, dann könnte man nicht mehr leben.

Ägyptische Harfenspielerin. Holz. Um 1200 v. Chr.
London, British Museum

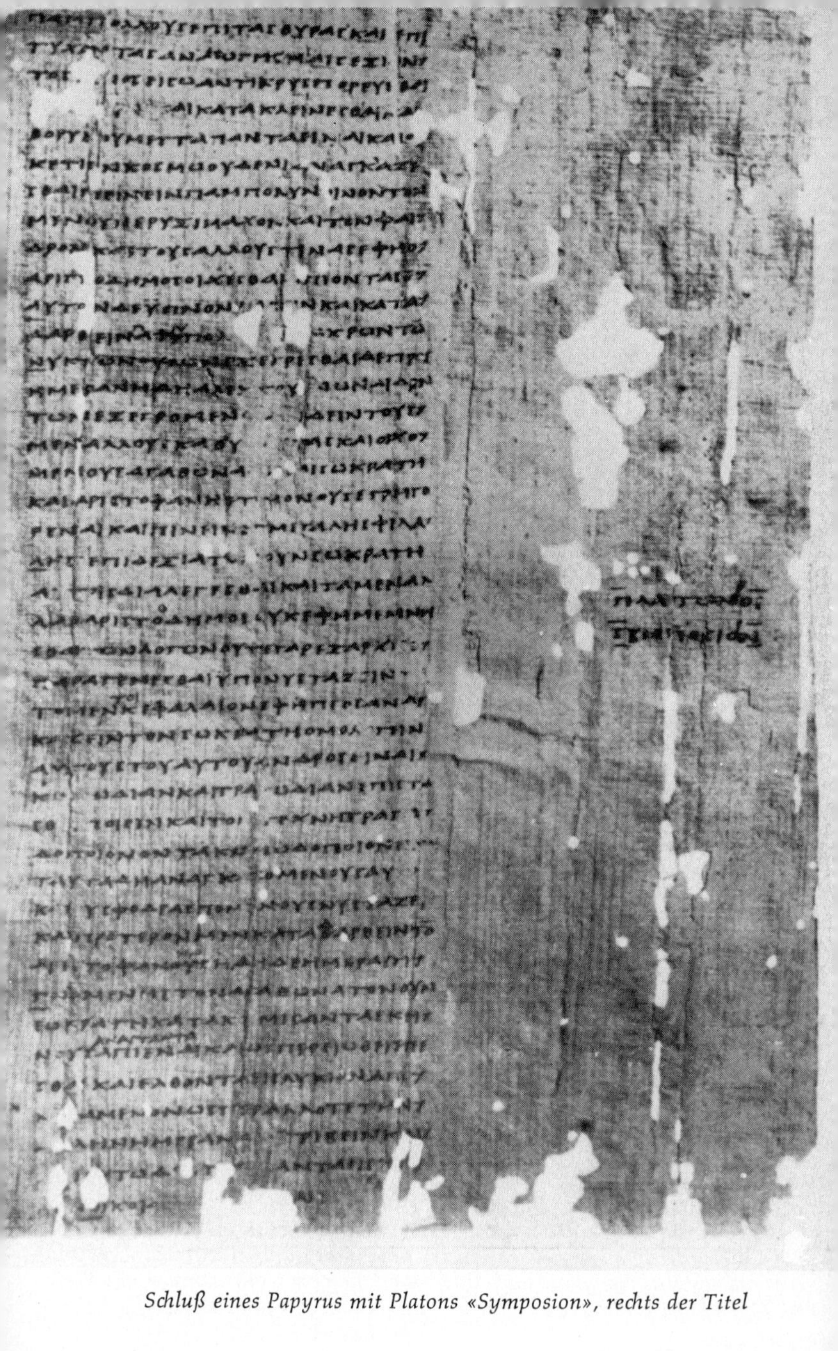

Schluß eines Papyrus mit Platons «Symposion», rechts der Titel

Auch zu den Bildenden Künsten, der Malerei und Bildhauerei, hatte Platon ein zwiespältiges Verhältnis. B. Schweitzer[40] hat diese Ambivalenz betont, wenn auch mehr vom Standpunkt des Archäologen.

Im *Symposion* gibt Platon die eindrucksvolle Darstellung der Idee des Schönen. Sokrates hält seine Lobrede auf den Eros: Eros ist die Liebe zum Schönen. Die Liebe zum Schönen beginnt mit der Liebe zu einem schönen Geliebten, sie steigt dann auf zur Schönheit aller leiblichen Gestalten und weiter zur Schönheit der Seele, um zuletzt die Idee der Schönheit selbst zu erblicken: *Und an dieser Stelle des Lebens, lieber Sokrates, sagte die Mantineische Fremde, wenn irgendwo, ist es dem Menschen erst lebenswert, wo er das Schöne selbst schaut, welches, wenn du es je erblickst, du nicht wirst vergleichen wollen mit köstlichem Gerät oder Schmuck oder mit schönen Knaben und Jünglingen, bei deren Anblick du jetzt entzückt bist und wohl gern, du wie viele andere, um nur den Liebling zu sehen und immer mit ihm vereinigt zu sein, wenn es möglich wäre, weder essen noch trinken möchtest, sondern nur anschauen und mit ihm verbunden sein. Was, also, sprach sie, sollen wir erst glauben, wenn einer dazu gelangte, jenes Schöne selbst rein, lauter und unvermischt zu sehen, das nicht voll menschlichen Fleisches ist und Farben und anderen sterblichen Flitterkrames, sondern das göttlich Schöne selbst in seiner Einartigkeit zu schauen?* (*Symposion* 211 d–e / II, 239–240.)

Es ist eine unaufhebbare Grundaussage der Ideenlehre, daß die schönen Dinge, die schönen Menschen, die schönen Pferde, die schönen Kleider (vgl. *Phaidon* 78 d–e / III, 30) von der Idee der Schönheit weit entfernt sind. In einem gewissen Sinne könnte man die schönen Dinge als Nachahmungen der Idee der Schönheit bezeichnen. In diesem Seinsentwurf rangieren die schönen Kunstwerke notwendig noch unter den schönen Dingen: sie sind die Nachahmung der Nachahmungen. Freilich ist uns diese Auffassung nicht leicht verständlich. Wir sind vertrauter mit der Theorie des späten Neuplatonismus, der die Kunstwerke zwischen die Ideen und die Sinnendinge, also über die Sinnendinge stellt. Gleichwohl läßt sich die Anschauung Platons auch für uns nachvollziehen. Ist der Kopf des lebenden Platon nicht wirklicher, realer, schöner als das beste Porträt? Was würden wir darum geben, wenn wir Platon selbst sehen und mit ihm sprechen könnten! Nun haben wir zwar das Porträt, aber müssen wir nicht sagen: wir haben n u r das Porträt? Im letzten Buch der *Politeia* spricht Platon die für ihn notwendige Konsequenz mit aller Klarheit aus: *Nun betrachte mir eben dieses. Auf welches von beiden geht die Malerlei bei jedem? Das Seiende nachzubilden, wie es sich verhält, oder das Erscheinende, wie es erscheint, als eine Nachbildnerei der Erscheinung oder der Wahrheit? – Der Erscheinung, sagte er. – Gar weit also von der Wahrheit ist die Nachbildnerei; und deshalb, wie es scheint, macht sie auch alles, weil sie von jeglichem nur ein Weniges trifft und das im Schattenbild.* (*Politeia* 598 b / III, 290.)

Platon. Büste im Vatikan (Galleria Geografica), Rom

Neben dieser theoretischen Ablehnung der Kunst von der Ideenlehre her steht Platons Freude an Künstlern und Kunstwerken. Man darf Bernhard Schweitzer darin folgen, daß für Platon die eigentliche Kunst die Hochklassik war.[41] Wie wenig Platon die archaische Kunst schätzte, und wie sehr er der Klassik zugewandt war, geht aus einer Bemerkung über Daidalos hervor:

Sokrates: Also, beim Zeus, sollen wir, wie die anderen Künste zugenommen haben und mit den heutigen Meistern verglichen die alten nur schlecht sind, eben so auch von eurer, der Sophisten, Kunst sagen, daß sie fortgeschritten ist und daß die alten Weisen gegen euch nur schlecht sind?

Hippias: Allerdings, vollkommen richtig ist das.

Sokrates: Wenn uns also jetzt Bias wiederauflebte, so würde er lächerlich erscheinen neben euch; eben wie die Bildhauer sagen, daß, wenn Dädalos jetzt lebte und dergleichen Werke bildete, als durch welche er berühmt geworden ist, man ihn auslachen würde. (*Hippias* I 281 d–282 a / II, 45.)

So scheint denn Platon den Malern Polygnotos und Zeuxis und den Bildhauern Phidias und Polyklet den höchsten Rang eingeräumt zu haben:

Hast du nun wohl je einen (Maler) *gesehen, der stark darin ist zu zeigen, was Polygnotos, des Aglaophon Sohn, gut malt und was nicht, von andern Malern aber es nicht kann?* (*Ion* 532 e–533 a / I, 102.)

Nämlich wie wenn ich dich gefragt hätte: Welcher Maler ist Zeuxis, und du mir gesagt hättest, der Gemälde malt; würde ich dich dann nicht mit Recht fragen, der was doch für Gemälde malt und wo? (*Gorgias* 453 c / I, 207.)

Oder wenn du zum Polykleitos von Argos oder zum Pheidias hier aus Athen zu gehen im Sinne hättest, um ihnen Lehrgeld für dich zu entrichten, und es fragte dich jemand: Als wem gedenkst du denn dem Polykleitos oder dem Pheidias dieses Geld zu entrichten? Was würdest du antworten? – Ich würde sagen, als Bildhauern. (*Protagoras* 311 c / I, 54.)

Von Phidias wird ausdrücklich gesagt, daß er wunderbare Skulpturen geschaffen habe: *Denn ich weiß, daß der einzige Protagoras mit dieser Weisheit mehr Geld erworben hat als Pheidias, der doch so ausgezeichnet schöne Werke verfertigte ...* (*Menon* 91 d / II, 33.)

Auf die Statue des Phidias, die im Parthenon stand, wird in ganz selbstverständlicher Weise verwiesen: *Aber wenn ich dann zugegeben habe, daß Pheidias ein trefflicher Künstler ist, wird jener sagen: Und du glaubst also, daß Pheidias das Schöne, was du mir nennst, nicht gekannt habe? – Da werde ich fragen, wieso? – Weil er, so wird er antworten, seiner Athene Augen nicht golden gemacht hat, auch sonst weder das Angesicht noch Hände, noch Füße, wenn es doch golden am schönsten würde erschienen sein, sondern elfenbeinern.* (*Hippias* I 290 a–b / II, 54.)

Ein ähnlicher Gedankengang findet sich dann noch einmal in der

Römische Nachbildung der Athena Parthenos des Phidias.
Statuette im Nationalmuseum, Athen

Attische Schale mit Darstellung der Gigantomachie. Um 400 v. Chr. Staatliche Museen, Berlin

Politeia (vgl. 420 c / III, 148). Ebenso setzt – wie Schweitzer dargelegt hat[42] – die Gigantomachie im Dialog *Sophistes* die Kenntnis der von Phidias in der Innenseite des Schildes der Athene gemalten Gigantomachie voraus (vgl. *Sophistes* 246 a / IV, 218).

Schließlich sind die Grabreliefs wichtige Zeugnisse der athenischen Bildhauerei: *Es steht also zu besorgen, wenn wir uns nicht sittsam betragen gegen die Götter, daß wir noch einmal zerspalten werden und so herumgehen müssen wie die auf den Grabsteinen Ausgeschnittenen, die mitten durch die Nase gespalten sind ...* (*Symposion* 193 a / II, 223–224.)

Man kann sagen, daß sowohl Sokrates als auch Platon Umgang mit den Malern und Bildhauern gehabt haben; und man wird meiner Meinung nach Schweitzer recht geben müssen, wenn er Platons Interesse auf die Künstler und Werke der frühen Klassik gerichtet findet.

Die Götter Griechenlands

Will man Platon verstehen, so muß man auch sein Verhältnis zu den Göttern Griechenlands untersuchen. Aber dies Verhältnis ist noch undurchsichtiger, zeigt noch mehr Ambivalenz als das zur Kunst. In Griechenland zur Zeit Platons gibt es keine Theologie, von den Göttern berichten die Mythen und erzählen die Dichter, und zwar so

Attische Grabstele des 4. Jhs. v. Chr. Nationalmuseum, Athen

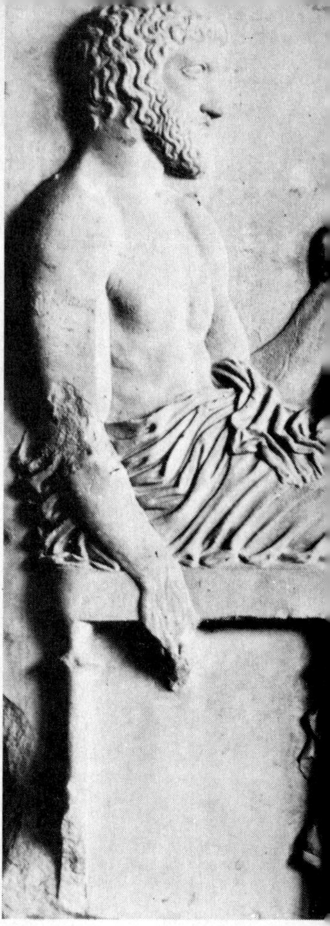

Poseidon, Apollon und Artemis vom Ostfries des Parthenon. Um 440 v. Chr. Athen, Akropolismuseum

vielfältig, so gegensätzlich, daß der Widerspruch des Denkens unvermeidlich war, und die Aufklärung, wie sie Sophisten und andere Philosophen initiiert hatten, in eine Auseinandersetzung zwischen Atheismus, Skeptizismus, Polytheismus und Monotheismus geriet. Xenophanes sagt: «Und das Genaue freilich erblickte kein Mensch und es wird auch nie jemand sein, der es weiß [erblickt hat] in bezug auf die Götter...» (Xen. B 34.)

Entschieden atheistische Aussagen finden sich in der frühen Zeit selten. So wird in einem Kommentar zur «Metaphysik» des Aristoteles berichtet, Hippon (er lebte kurz vor Platon) sei Atheist genannt worden, weil er gesagt habe, es gebe nichts außer den Sinnendingen (vgl. Hippon A 9). Im allgemeinen wird man sagen können, daß die Philosophen dem Monotheismus zuneigten. So sagt Heraklit: «Eins, das allein Weise, will nicht und will doch mit dem Namen des Zeus benannt werden.» (Her. B 32.)

Bei Anaxagoras heißt es: «Geist aber ist etwas nicht durch Grenze Bestimmtes und Selbstherrliches und ist vermischt mit keinem Dinge, sondern ist allein, selbständig, für sich.» (Anaxag. B 12.)

Aristoteles lehrt dann ausdrücklich einen Monotheismus, das zwölfte Buch der «Metaphysik» ist ganz dieser Lehre gewidmet.

Platon kann nicht auf eine bestimmte Lehre festgelegt werden; wir finden bei ihm ebenso die Verehrung vieler Götter, vor allem des Zeus, der Athene, Apollons und der Musen, wie einen philosophischen Monotheismus. Auch er trifft auf die blühende Vielheit der Sagen und Erzählungen und zieht ihre Wahrheit in Zweifel. Wir haben von seiner Skepsis gegen die Erzählungen der Dichter, die ja wesentlich Göttergeschichten sind, schon gesprochen. Eine entschiedene Kritik an den Mythen übt er auch in der *Politeia*. In der Konsequenz dieser kritischen Haltung finden wir einen Monotheismus, der zwar nicht dogmatisch gelehrt (eine dogmatische Lehre gibt es bei

Platon überhaupt nicht, wie der *Siebente Brief* gezeigt hat), aber doch klar ausgesprochen wird.

Ein solcher Monotheismus findet sich bereits bei Sokrates. Als dieser nach dem Todesurteil von den Richtern Abschied nimmt, um in den Tod zu gehen, sagt er: *Jedoch, es ist nun Zeit, daß wir gehen, ich, um zu sterben, und ihr, um zu leben. Wer aber von uns beiden zu dem besseren Geschäft hingehe, das ist allen verborgen außer nur Gott.* (*Apologie* 42 a / I, 31.)

Sokrates hat die Götter verehrt, so wie der Brauch und die Sitte es forderten. Gleichwohl dürfte er in wiederholten Gesprächen auf die vielen Widersprüche der Göttergeschichten hingewiesen haben. Die Anklage wegen Gottlosigkeit, die zu dem Todesurteil führte, wird nicht zuletzt darauf beruht haben. Platon kam anscheinend mit den vielen Göttern seiner Stadt und seines Landes besser aus als Sokrates.

Den Monotheismus vertritt Platon schon in der *Politeia*: *Wie Gott ist seinem Wesen nach, so muß er auch immer dargestellt werden, mag einer im Epos von ihm dichten oder in Liedern oder in der Tragödie. – So muß es sein. – Nun ist doch Gott wesentlich gut und auch so darzustellen? – Wie sollte er nicht! – Nichts aber, was zum Guten gehört, ist doch schädlich. Nicht wahr? – Nein, dünkt mich.* (*Politeia* 379 a–b / III, 115.)

Auch vom *Timaios* wird man ungeachtet gewisser Schwierigkeiten sagen können, daß Platon monotheistisch denkt: *Also den Urheber und Vater dieses Weltalls aufzufinden, ist schwer, nachdem man ihn aber auffand, ihn allen zu verkünden, unmöglich.* (*Timaios* 28 c / V, 154.)

Er war gut; im Guten aber erwächst niemals und in keiner Beziehung Mißgunst. Dieser fern wollte er, daß alles ihm selbst möglichst ähnlich werde ... Indem nämlich Gott wollte, daß alles gut und, soviel wie möglich, nichts schlecht sei, brachte er, da er alles Sichtbare nicht in Ruhe, sondern in ungehöriger und ordnungsloser Bewegung vorfand, dasselbe aus der Unordnung zur Ordnung ... (*Timaios* 29 e–30 a / V, 155.)

Denselben Grundansatz finden wir auch in den *Nomoi*: *«Ihr Männer», möchten wir also zu ihnen sprechen, «der Gott, wie auch die alte Rede sagt, welcher Anfang und Ende und Mitte alles dessen innehat, was da ist, kommt auf geradem Wege zum Ziel, indem er der Natur gemäß herumgeht; ihm aber folgt stets die Gerechtigkeit nach, welche diejenigen, die hinter dem göttlichen Gesetze zurückbleiben, es büßen läßt.* (*Nomoi* 715 e–716 a / VI, 96.)

Diesen monotheistischen Stellen steht aber eine ganze Reihe von polytheistischen gegenüber, an denen Platon unbefangen und offen von den Göttern Griechenlands in ihrer ganzen Vielheit spricht. Am prägnantesten dafür ist wohl der Götterzug im *Phaidros*: *Der große Herrscher im Himmel Zeus nun, seinen geflügelten Wagen lenkend, zieht als erster aus, alles anordnend und versorgend, und ihm folgt die Schar der Götter und Dämonen in elf Zügen geordnet. Denn Hestia bleibt in der Götter Haus allein. Alle andern aber, welche zu der Zahl der zwölf als herrschende Götter geordnet sind, führen an in der Ordnung, die jedem angewiesen ist. Viel Herrliches nun gibt es zu schauen und zu begehen innerhalb des Himmels, wozu der seligen Götter Geschlecht sich hinwendet, jeder das Seinige verrichtend.* (*Phaidros* 246 e–247 a / IV, 28.)

Athene und Apollon aber sind es, denen die eigentliche Liebe Platons gilt. Athene ist die Gründerin und Schützerin Athens: *... vorzüglich aber der Göttin zuliebe, welcher euer Land und dieses hier zum Lose fiel und die beide gedeihen ließ und heranbildete ...* (*Timaios* 23 d / V, 150.)

Insofern also die Göttin euch zuerst diese gesamte Anordnung und Ausbildung verlieh, wies sie euch auch euern Wohnsitz an und wählte die Stätte, der ihr entsprossen seid, dazu aus, weil sie in der Jahreszeiten günstigem Wechsel erkannte, daß sie die verständig-

sten Bewohner erzeugen werde. (*Timaios* 24 c / V, 151.)

Bei dem Versuch einer etymologischen Erklärung des Namens der Athene rühmt Platon an ihr Verstand und Einsicht. Er findet in dem Namen Gottes Vernunft (theu noësis) ausgedrückt (vgl. *Kratylos* 407 b / II, 149). Die Verehrung Athenes ist für Platon selbstverständlich: An der hervorragendsten Stelle der Stadt, der Akropolis, ist in jeder Stadt, so wie in Athen ein Tempel für sie zu bauen (vgl. *Nomoi* 745 b / VI, 122); Feste sind ihr zu Ehren zu veranstalten (vgl. *Nomoi* 796 c / VI, 166). Das große Fest Athens, die Panathenäen, ist zum Beispiel ein Gesprächshintergrund des *Parmenides.*

In der gleichen Weise verehrt Platon Apollon: *Denn die Heilkunde und die Kunst des Bogenschießens und des Weissagens hat Apollon erfunden unter Anführung des Verlangens und der Liebe, so daß sowohl dieser für einen Schüler des Eros anzusehen ist als auch die Musen in der Tonkunst und Hephaistos in der Schmiedekunst und Athene in der Weberei und Zeus in der Regierungskunst über Götter und Menschen.* (*Symposion* 197 a–b / II, 227.)

Das Orakel Apollons in Delphi gilt für Sokrates ebenso wie für Platon als unbestrittene Autorität: *Die Einrichtungen der Tempel und Opfer und anderen Verehrungen der Götter, Dämonen und Heroen; und die Beisetzung der Verstorbenen, und was man denen dort leisten muß, um sie günstig zu haben. Denn dergleichen verstehen wir ja selbst nicht und werden auch, indem wir*

Standbild der Athena. Kopie nach einem Werk des späten 5. Jhs. v. Chr. Kopenhagen, Ny Carlsberg Glyptothek

Die Akropolis in Athen

die Stadt gründen, keinem andern darin folgen, wenn wir Vernunft haben, noch uns eines andern Ratgebers bedienen als des angestammten. Denn dieser Gott ist in dergleichen Dingen allen Menschen der angestammte Ratgeber, weil er inmitten der Erde, auf ihrem Nabel sitzend, seine Sprüche erteilt. (Politeia 427 b–c / III, 154.)

Was also, sagte er, wäre uns noch übrig von der Gesetzgebung? – Und ich antwortete: Uns wohl nichts; dem Delphischen Apollon aber noch die größten, schönsten und ersten aller Anordnungen. (Politeia 427 b / III, 154.)

Zusammen mit den Musen bringt Apollon die musischen Künste und damit das eigentlich Menschliche: *Ferner haben, behaupteten wir, die Götter uns aus Mitleid den Apollon und die Musen zu Reigengenossen und Reigenführern gegeben ...* (Nomoi 665 a / VI, 47.)

Über allen Göttern und Menschen thront Zeus. Er führt im *Phaidros* den Zug der Götter (vgl. S. 106), er ist der Schutzherr der Stadt (vgl. *Nomoi* 921 c / VI, 281), er ist der Retter (vgl. *Politeia* 583 b / III, 279). So ist es verständlich, daß sowohl in der *Politeia* als auch in den *Nomoi* die sorgfältigsten Bestimmungen über die Verehrung der Götter getroffen werden: *Weder wenn jemand einen neuen Staat gründen, noch wenn er einen alten, verderbten wieder einrichten wollte, dürfte er, wenn es ihm nicht an Einsicht fehlt, es versuchen, hinsichtlich der Götter und der Tempel, welche im Staate den einzelnen errichtet werden und nach welchen Göttern und Dä-*

monen sie benannt werden sollen, an dem zu rütteln, was von Delphi oder Dodona oder vom Ammon aus geboten wurde, oder wovon gewisse alte Sagen irgendwie manche überzeugten, indem Wundererscheinungen stattfanden oder vom Anhauch von Göttern berichtet wurde ... (*Nomoi* 738 b–c / VI, 116.)

Die großen Festspiele der Griechen sind eine Verehrung der Götter: *Nach Pytho zu dem Apollon-, nach Olympia zu dem Zeustempel sowie nach Nemea und dem Isthmos sind welche zu entsenden, um an den diesen Göttern geweihten Festspielen teilzunehmen, und zwar, insoweit es tunlich ist, möglichst viele sowie die schönsten und besten, welche bei den heiligen und friedlichen Zusammenkünften ihren Staat in einem guten Lichte erscheinen lassen ...* (*Nomoi* 950 e / VI, 307.)

Faßt man all diese Erwägungen zusammen, so wird man zu dem Schluß kommen, daß Platon auf dem Boden eines philosophischen Monotheismus stand, es ihm aber gleichwohl möglich war, die Götter seines Vaterlandes in ihrer Vielheit zu lieben und zu ehren. Man gewinnt den Eindruck, diese Verbindung sei bei Platon glücklicher gewesen als bei Sokrates und anderen griechischen Intellektuellen. Ohne Zweifel haben auch sie den Göttern Athens, von denen der Mythos und die Dichter reden, die schuldige Verehrung erwiesen, aber es scheint doch bei ihnen ein skeptischer Rationalismus vorgeherrscht zu haben, der sich in der Frage des Sokrates nach der Wahrheit der Mythen äußerte und nicht beschwichtigt werden konnte. Wenn diese Frage einmal gestellt worden ist, gibt es gewiß nur eine Antwort: das kann nicht alles wahr sein. Wie radikal Platon diese sokratische Frage auch aufgegriffen haben mag – ihm selbst war eine für uns heute schwer vorstellbare Verbindung möglich. Man könnte diesen Zwiespalt als das Problem von «Logos und Mythos» bezeichnen: der Mythos gibt die unendliche Fülle der griechischen Göttergeschichten wieder, der Logos fragt nach ihrer Wahrheit.

Für mich ist es immer von größter Bedeutung gewesen, daß eine der großen Platon-Darstellungen, die von Paul Natorp[43], in dieses Problem einmündet. Die 1903 erschienene Schrift ist unzweifelhaft vom Logos, von der Ratio her gedacht und geschrieben. Als Natorp 1921 die zweite Auflage erscheinen läßt, fügt er einen umfangreichen Anhang hinzu: Logos – Psyche – Eros[44]. In diesem Anhang betont er, daß die erste Auflage seines Buches allzusehr vom Logos her bestimmt gewesen und der Ausbau zum Mythos hin notwendig sei. Allein, Natorps Versuch ist im Grunde nur ein Programm gewesen. Noch keinem Interpreten ist es gelungen, die Synthese zu erkennen und aufzuzeigen, aus der Platon zu denken und zu leben vermochte. Es ist gerade die Frage nach den Göttern Griechenlands, bei der diese Verbindung von Logos und Mythos besonders deutlich wird. Der Logos spricht von dem einen Gott, der Mythos von den vielen Göttern. Platon hat beides verknüpft. Wie ihm das gelang, vermögen wir nicht zu begreifen; wir können nur eines tun: auf die Tatsache einer echten Verbindung von Logos und Mythos hinweisen.

DIE PHILOSOPHIE

Die Ideenlehre

Man kann die Philosophie Platons nur darstellen, wenn man sich für einen Grundansatz entscheidet. Wir gehen davon aus, daß die Ideenlehre, so wie sie in den großen Dialogen dargestellt wird, die Mitte des Platonischen Philosophierens ist. Aus ihr erwächst nach unserer Konzeption die Platonische Dialektik. Abschließend fragen wir nach der geschichtlichen Wirksamkeit der beiden großen Konkretisierungen der Philosophie Platons, der Staatslehre und der Wissenschaftslehre.

Die erste ausgebaute Darstellung der Ideenlehre findet sich im *Phaidon*. Dieser Dialog erzählt – wir haben schon mehrmals darauf Bezug genommen – die Gespräche des Sokrates mit Freunden und Schülern an seinem Todestag. Wie man sich dies wohl kaum anders

Heiligtum des Apollon in Delphi

denken kann, drehen sich die Gespräche um Tod und Unsterblichkeit der Seele, und in diese Gespräche geht die Ideenlehre als fundamentaler Gedanke ein. Wir haben bereits erörtert, daß diese Lehre, wenn sie auch von Sokrates vorgetragen wird, unserer Überzeugung nach von Platon, der bei dem Gespräch nicht anwesend war, stammt. Von den Ideen sagt Sokrates: *Ich meine es so, fuhr er fort, gar nichts Neues, sondern was ich schon sonst immer und so auch in der eben durchgeführten Rede gar nicht aufgehört habe zu sagen... und komme wiederum auf jenes Abgedroschene zurück und fange davon an, daß ich voraussetze, es gebe ein Schönes an und für sich, und ein Gutes und Großes und so alles andere... Und so verstehe ich denn gar nicht mehr und begreife nicht jene anderen gelehrten Gründe; sondern wenn mir jemand sagt, weswegen irgend etwas schön ist, entweder weil es eine blühende Farbe hat oder Gestalt oder sonst etwas dieser Art, so lasse ich das andere – denn durch alles übrige werde ich nur verwirrt gemacht – und halte mich ganz einfach und kunstlos und vielleicht einfältig bei mir selbst daran, daß nichts anderes es schön macht als eben jenes Schöne...* (*Phaidon* 100 a–d / III, 50.)

Sokrates schließt diesen Gedankengang ab mit der Formulierung: ...*daß vermöge des Schönen alle schönen Dinge schön werden.* (*Phaidon* 100 d / III, 50.)

So gewinnt Platon die grundlegende Unterscheidung der Ideenlehre: auf der einen Seite die Idee der Schönheit, auf der anderen Seite die schönen Dinge. Die Idee der Schönheit ist einmalig, sie ist ewig, unvergänglich; schöne Dinge gibt es viele, sie sind vergänglich, es sind Sinnendinge. Diese Grundunterscheidung der Ideenlehre ist freilich seit Platons Zeiten der Gegenstand eines niemals aufhörenden Streites gewesen, und wir werden sehen, daß bereits Platon selbst die in ihr liegenden Schwierigkeiten erkannt hat. Nun läuft dieser Streit allzu leicht auf die beiden dogmatischen Thesen hinaus: es gibt Ideen – es gibt keine Ideen. Aber ehe man eine solche apodiktische Stellung bezieht, sollte man doch die Fragen stellen, die notwendigerweise dieser Disjunktion vorausgehen müssen: Was ist der

Sokrates. Rom, Villa Albani

Sinn der Ideenlehre? Wie kann die Ideenlehre begründet werden? Wie ist sie von Platon begründet worden? Es kann nicht Aufgabe dieser Monographie sein, diese Fragen eingehend zu diskutieren; sie kann lediglich auf diese Fragen hinführen, um den Leser in die Richtung zu bringen, die Platon bei der Entwicklung seines eigenen Denkens selbst eingeschlagen hat.

Einen Ausbau der Ideenlehre finden wir in der *Politeia.* Hier stellt die Ausbildung in der Ideenlehre die höchste Form der Erziehung dar. Die im Musischen und im Gymnastischen beginnende Erziehung führt über die Wissenschaft für die Besten zur Philosophie, die im wesentlichen Ideenlehre ist. Das Leben des Philosophen besteht dann im beständigen Umgang mit den Ideen. Freilich ist auch er verpflichtet, an den Aufgaben und Geschäften der Polis teilzunehmen; aber es ist doch nur eine Pflicht für ihn. Zwei Gleichnisse veranschaulichen die Ideenlehre aufs beste: das Höhlen- und das Liniengleichnis. Wohl die meisten Darstellungen Platons gehen vom Höhlengleichnis aus, und ohne Zweifel ist die Platonische Philosophie dort, wo sie den Menschen anruft, wo sie die Umwendung zu einem neuen Leben fordert, von Platon niemals besser dargestellt worden als in ihm (vgl. *Politeia* 514 a–517 a / III, 224–226). Eine Darstellung des Höhlengleichnisses würde den Umfang unserer Arbeit bei weitem übersteigen; ausführliche Analysen findet man in allen großen Platon-Darstellungen, ich erinnere an Wilamowitz-Moellendorff [45], Heidegger [46], Werner Jaeger [47].

Unter unserem Aspekt aber erscheint das Liniengleichnis erst recht bedeutsam. Platon stellt sich eine Linie vor und teilt sie gemäß dem allgemeinen Seinsentwurf der Ideenlehre in zwei Teile: der obere Teil stellt die Ideen dar, der untere die Sinnendinge. Gemäß der ersten Teilung der ganzen Linie werden nun auch diese Teile wiederum geteilt. Der untere Teil wird geteilt in die Sinnendinge selbst und in die bloßen Spiegelbilder und Schatten. Zu diesem untersten Teil des Seins dürften auch die Werke der Kunst zu rechnen sein. Auch der obere Teil des idealen Seins wird wiederum geteilt, und zwar in einen unteren Teil, der die Gegenstände der Mathematik, und einen oberen, der die reinen Ideen enthält. So stellt diese Einteilung zugleich eine Gliederung nach Realität und Seinsbedeutung dar: In einem obersten Bereich die reinen Ideen, darunter die mathematischen Gegenstände, darunter die Sinnendinge und im untersten Bereich Spiegelungen, Schatten und Kunstwerke. In den Gleichnissen wie in der rein theoretischen Darlegung der Staatslehre gibt die *Politeia* eine umfassende Darstellung der Ideenlehre und zeigt Platon zugleich in einer konsequenten Weiterführung seiner Lehre.

Eine neue Stufe der Entwicklung bietet der *Parmenides*. In diesem Gespräch fragt Parmenides den jungen Sokrates nach der Ideenlehre: *Und sprich, teilst du selbst so, wie du sagst, die Begriffe selbst besonders und das, was sie annimmt, wieder besonders? Und dünkt dich etwas die Ähnlichkeit selbst zu sein, getrennt von jener Ähnlichkeit, die wir an uns haben, und so auch das Eins und das Viele und alles, was du eben vom Zenon gehört hast? – Mich dünkt es, habe Sokrates gesagt. – Auch etwa dergleichen, ein Begriff des Gerechten für sich und des Schönen und Guten, und von allem, was wiederum dieser Art ist? – Ja, habe er gesagt. – Und wie, auch einen Begriff der Menschen, getrennt von uns und allen, welche ebenso sind wie wir, einen Begriff selbst des Menschen oder des Feuers oder des Wassers? – Hierüber, habe er gesagt, bin ich oftmals in Zweifel gewesen, o Parmenides, ob man auch hiervon eben das behaupten soll, wie von jenem, oder etwas anderes. – Etwa auch über solche Dinge, o*

Sokrates, welche gar lächerlich herauskämen, wie Haare, Kot, Schmutz und was sonst noch recht geringfügig und verächtlich ist ... (*Parmenides* 130 b–c / IV, 67.)

Hier werden also vier Klassen von Ideen unterschieden. Die erste Klasse könnte man die «logisch-mathematischen» Ideen nennen. Platon selbst zählt als Beispiele die Ideen «Ähnlichkeit» und «Einheit» auf. Die zweite Klasse der Ideen umfaßt die «ethisch-ästhetischen»; Platon bringt als Beispiele die Ideen des Schönen, Guten und Gerechten. Die dritte Klasse bilden die «biologischen» Ideen, unter ihnen als erste die Idee des Menschen. Wenn Platon ferner die Ideen des Feuers und des Wassers nennt, so meint er die Ideen der Elemente, unter denen man damals Erde, Wasser, Luft und Feuer verstand. Die Griechen rechneten die Elemente zum Lebendigen, was wir heute etwa für das Wasser noch nachvollziehen können, so daß die Bezeichnung «biologische» Ideen gerechtfertigt erscheint. Als vierte Klasse schließlich treten geringfügige und verächtliche Dinge auf: das Haar, der Schmutz, der Kot. Ob es nun auch von den Dingen dieser Klasse Ideen gibt, ist allerdings strittig. Die weitere Diskussion im *Parmenides* erörtert dann das Verhältnis der Ideen zu den Einzeldingen, ein Thema, das wir an dieser Stelle nicht weiter verfolgen können.

Auch im *Timaios* hält Platon am Grundentwurf der Ideenlehre fest: *Da sich das aber so verhält, so müssen wir einräumen, eines sei die gemäß demselben sich verhaltende Gestaltung, unentstanden und unvergänglich, welche weder von anderswoher etwas in sich aufnimmt noch selbst in ein Anderes übergeht, unsichtbar und auch sonst nicht wahrnehmbar, deren Betrachtung der Denkkraft anheimfiel; ein Zweites aber sei das ihm Gleichnamige und Ähnliche, wahrnehmbar, entstanden, stets wechselnd, an einer Stelle entstehend und von da wieder verschwindend, durch mit Sinneswahrnehmung verbundene Meinung erfaßbar ...* (*Timaios* 52 a / V, 174.)

Schließlich findet sich noch eine zusammenfassende Übersicht über die Ideenlehre im *Siebenten Brief*. Dies ist besonders wichtig, da einige Interpreten der Meinung sind, Platon habe sich im Verlauf seiner philosophischen Entwicklung von der Ideenlehre abgewandt. Nun ist aber, wie wir gesehen haben, der *Siebente Brief* nach der Ermordung Dions, also nach 354, geschrieben worden. Demnach hat Platon noch im Alter von etwa 75 Jahren an der Ideenlehre festgehalten: *... von diesem allen widerfährt dem Kreise an sich, um den sich unsere ganze Rede dreht, als einem davon Verschiedenen, nichts ... Dasselbe gilt von dem Geraden und Umkreisenden, von Gestalt und Farbe, von dem Guten, Schönen und Gerechten, von jedem, ob nun durch Kunst erzeugten oder von Natur entstandenen Körper, von Feuer, Wasser und allem derartigen, von jedem Lebenden und der den Seelen innewohnenden Gesinnung und von dem gesamten Tun und Leiden ...* (*Siebenter Brief* 342 c–d / I, 317–318.)

Wenn wir eine erste Stellungnahme zur Ideenlehre versuchen, so dürfen wir unsere Überzeugung wiederholen: die eigentliche Aufgabe ist nicht eine apodiktische und dogmatische Position, die sich auf eine der beiden Thesen versteift, es gebe die Ideen oder es gebe sie nicht. Die primäre Aufgabe ist vielmehr, zu verstehen, was Platon mit seiner Ideenlehre meint und wie er sie begründet. Wir setzen unsere Erwägungen bei der soeben zitierten Klasseneinteilung im *Parmenides* an und beginnen mit der ersten Klasse, den «logisch-mathematischen» Ideen.

Für die logischen Ideen bringt Platon im *Parmenides* als Beispiel die Ähnlichkeit, im *Phaidon* die Gleichheit, mit der er hier sogar die Ideenlehre einführt. Bei den mathematischen Ideen unterscheidet er zwischen Ideen der Arithmetik und Geometrie. Zu den arithmetischen Ideen zählt er im *Parmenides* die der Einheit, auch die der Zwei, der Drei, der Acht und der Zehn, ferner die Ideen des Geraden und Ungeraden; zu den geometrischen Ideen gehört zum Beispiel die des Kreises, wie etwa an der eben zitierten Stelle des *Siebenten Briefes*.

Alle diese Ideen haben den Charakter der Allgemeinverbindlichkeit. Die Unterschiede der Menschen mögen noch so groß sein – und sie sind vielleicht niemals so groß gewesen wie heute –, für sie alle gilt in derselben Weise der Satz von der Gleichheit: Wenn A gleich B ist, und wenn B gleich C ist, dann ist A auch gleich C. Leibniz hat einmal gesagt, die Griechen, die Römer und die Deutschen hätten alle dieselbe Geometrie, und ich kann diesem Satz nur zustimmen. Die Satelliten, mögen sie nun in Amerika oder in Rußland gestartet werden, bewegen sich nach denselben logischen, mathematischen und physikalischen Gesetzen, und es ist die Aufgabe jeder Philosophie, diese Allgemeinverbindlichkeit der Logik, Mathematik und Physik zu erklären. Gewiß gibt es auch andere mathematische Phänomene, die eine Philosophie der Mathematik zu erklären und zu verstehen hat. Man könnte etwa an die Bedeutung der Konstruktionen in der Mathematik denken oder an die Tatsache, daß jede mathematische Erkenntnis in irgendeiner Sprache, sei es nun eine natürliche oder eine Kunstsprache, ausgedrückt werden muß. Nun gibt es in der Philosophie der Mathematik viele Standpunkte, und es mag wohl sein, daß andere Standpunkte manche Phänomene der Mathematik besser zu erklären vermögen: die Allgemeinverbindlichkeit der logischen und mathematischen Gesetze jedoch wird durch nichts besser erklärt als durch die Ideenlehre. Die Ideenlehre mag viele Schwierigkeiten haben, so die, sich das Verhältnis des erkennenden Subjekts zur Idee vorzustellen oder – was noch schwieriger ist – das Verhältnis der realen Dinge zur Idee. Aber wenn es die Idee der Gleichheit, die Idee der Drei, die Idee des Kreises gibt, dann ist es verständlich, daß diese Begriffe und die in ihnen gründenden Gesetze für alle Menschen in der gleichen Weise verbindlich sind. Dies ist der Weg, auf dem meiner Meinung nach die Ideenlehre zuerst erwogen werden müßte. Dabei würden freilich noch zahlreiche Probleme auftauchen. Andererseits würde es sich auch zeigen lassen, daß die durch die Axiomatisierung entstandene moderne Problematik für die Ideenlehre keineswegs unlösbar ist. Das wichtigste und verständlichste all dieser Probleme aber ist das der Allgemeinverbindlichkeit. Eine solche grundsätzliche Analyse der Ideenlehre kann freilich in dieser Darstellung nicht geleistet, ja nicht einmal angestrebt werden. Hier kann lediglich die Richtung aufgezeigt werden.

Unsere Erwägungen werden meiner Meinung nach deutlicher, wenn wir uns der zweiten Klasse der Ideen, den «ethisch-ästhetischen», zuwenden, unter denen sich die große, im *Parmenides* herangezogene Ideendreiheit findet: das Gute, das Schöne, das Gerechte. Wenn die Ideenlehre auch, und gerade in unserer Zeit, für die logisch-mathematischen Ideen viele Freunde gefunden hat, so stößt sie für die ethisch-ästhetischen Ideen auf fast einhelligen Widerspruch.

Beginnen wir mit der Idee des Schönen. Es ist eine Grundaussage der Ideenlehre, daß die Idee des Schönen so wie jede Idee ewig und unveränderlich ist. Worin das Schöne besteht, das gilt für alle Länder und für alle Zeiten. Dagegen scheint das moderne historische Bewußtsein zu stehen. Ist es nicht mit Händen zu greifen, daß das Schöne für den Europäer etwas anderes ist als für den Japaner? Ist es nicht unmittelbar deutlich, daß die Romanik einen anderen Schönheitsbegriff anerkannte als die Gotik, das Barock, das Rokoko? Und ist nicht das Schöne in unserer Zeit in der Kunst zu sehr zurückgetreten? Eine Diskussion dieser Frage scheint mir besonders geeignet zu sein, den Sinn der Ideenlehre zugänglich zu machen.

Zunächst muß man im Auge behalten, daß wir zwar beim Schönen zuerst an ein Kunstwerk denken, daß Platon dies aber keineswegs tut. Ihm ist das Schöne in erster Linie die Idee, in zweiter Linie sind es die realen Dinge, und erst an dritter Stelle stehen die Kunstwerke. Hat Platon hier nicht recht? Ist nicht das lebendige junge Tier schön, und wird es nicht als schön empfunden – in allen Ländern, zu allen Zeiten? Dafür spricht doch die unübersehbare Fülle der Tierdarstellungen in Ägypten, in Kreta, in Griechenland. Ich glaube, man wird bereit sein, der Platonischen Auffassung hier ein gewisses Recht einzuräumen. Aber verhält es sich im Bereich der Kunst nicht ganz anders? Es ist unbestreitbar, daß sich das Schönheitsideal in der Geschichte der Kunst ständig wandelt, daß das Schöne eine subjektive Struktur hat. Bevor man so argumentiert, sollte man vielleicht fragen, was das Schöne bei Platon eigentlich bedeutet. Die Kunsttheorie des 19. Jahrhunderts könnte man mit leichter Hand dahin zusammenfassen, daß Schönheit in dem schönen Bild eines schönen Gegenstandes beruht. Man wird nicht leugnen wollen und können, daß diese Auffassung des 19. Jahrhunderts überholt ist. Man muß aber doch bezweifeln, ob diese Theorie wirklich in sich gegründet war, und man kann auf jeden Fall festhalten, daß sie nicht die Lehre Platons war. Um die Platonische Bedeutung des Schönen zu fassen, geht man am besten davon aus, daß das wesentliche Moment des Platonischen Begriffs der Schönheit die Qualität ist. Man kann zunächst die Frage dahingestellt sein lassen, ob ein Kunstwerk schön ist; auf jeden Fall hat es Qualität, eine hohe oder geringe. Es ist gut oder

Athena Lemnia. Die Göttin überreicht Athens Kolonisten auf Lemnos ihren Helm, weist ihnen (den Stiftern des Originals) damit die Insel zu. Römische Kopie eines Werkes des Phidias (um 440 v. Chr.). Albertinum, Dresden

Attische Tetradrachme um 460 v. Chr.

schlecht, und es ist dies sowohl in den Augen des Betrachters als auch in denen des Künstlers. Hier beginnt sich ein objektiver Gesichtspunkt abzuzeichnen. Wenn der Künstler eines seiner Werke für sein bestes erklärt, so meint er damit nicht, es erscheine ihm als sein bestes Werk, sondern es sei wirklich so. Nicht anders liegt es beim Betrachter. Wenn wir feststellen, Picasso sei einer der hervorragendsten Künstler des 20. Jahrhunderts, dann wollen wir damit nicht nur unsere subjektive Ansicht zum Ausdruck bringen, sondern einen objektiven Tatbestand. Es läßt sich nicht leugnen, daß der Geschmack einer Zeit sich wandelt, eine Generation wird von einer frühen Form der Kunst angezogen, eine andere von der klassischen, eine andere von einer Spätform. Aber über die Qualität eines außergewöhnlichen Kunstwerks einer bestimmten Zeit hat es eigentlich nie Differenzen gegeben. Es mag sein, daß jemand die hohe griechische Klassik nicht schätzt, aber bei solchen Verschiebungen hat es keinen Streit über die besten Kunstwerke dieser Epoche gegeben.

Hieraus erkennt man, daß es eine objektive, für alle einsichtigen

Betrachter in gleicher Weise verbindliche Qualität gibt. Es ist hier unmöglich, diesen Sachverhalt auszudiskutieren; mir scheint aber, daß ein Blick auf die objektiven Momente des Kunstwerks und der Kunstbetrachtung die Auffassung Platons zu verdeutlichen in der Lage ist. Von hier aus könnte man sogar zeigen, daß der Verzicht auf das Schöne in der modernen Kunst keineswegs die Platonische Auffassung aufhebt; denn der Anspruch auf Qualität wird auch im modernen Kunstwerk erhoben.

Eine ähnliche Erwägung läßt sich auch für das Gute durchführen. Wie für das Schöne, erhebt Platon in der Ideenlehre den Anspruch, daß die Idee des Guten ewig und unveränderlich sei, das heißt für alle Menschen in der gleichen Weise verbindlich. Dagegen wendet sich nun das historische Bewußtsein. Hat nicht, so fragt der Gegner der Platonischen These, Nietzsche in seiner «Genealogie der Moral» das entscheidende und endgültige Wort in dieser Sache gesprochen? Galt es nicht – um ein Beispiel zu geben – den Griechen und Römern unter bestimmten Umständen als ein Recht, einen Menschen zu töten, wenn er nämlich ein Sklave war, während für uns ein Mord ein Mord bleibt, wer auch immer der Ermordete sein mag?

Um diesen Widerspruch auflösen zu können, muß man auf die alte Unterscheidung der Ethik in eine materiale und eine formale zurückgreifen. Eine materiale Wertethik betrachtet bestimmte einzelne Handlungen oder Handlungsweisen als gut, eine formale Ethik fordert lediglich, daß es überhaupt eine ethische Wertbestimmung, das heißt ein Gutes, geben müsse. Meiner Meinung nach kann nur eine formale Ethik wirklich begründet werden, und ich denke, daß auch die Ideenlehre nur über das Gute an sich, nicht aber über einzelne gute Handlungen, spricht, also eine formale Ethik vertritt. Dann wird aber auch eine objektive Gültigkeit und Allgemeinverbindlichkeit des Guten sichtbar; damit Menschen zusammen leben können, muß es ethische Wertbestimmungen geben und eine Anerkennung dessen, was gut ist. Unter einem so allgemeinen und formalen Gesichtspunkt werden Sinn und Gültigkeit der Lehre Platons vom Guten an sich als einer Idee deutlich.

Die Dialektik

Die Dialektik Platons gehört zu seinen größten Leistungen, ist aber zugleich derjenige Teil seiner Philosophie, der dem Verständnis die größten Schwierigkeiten entgegensetzt. Was zunächst die Bedeutung der Dialektik angeht, so kann sie für die wissenschaftlichen, ganz besonders aber für die politischen Probleme unseres Jahrhunderts schwerlich hoch genug eingeschätzt werden. Daß der eigentliche Ursprung der Dialektik bei Platon liegt, dafür kann ich mich auf Hegel berufen, dessen Urteil man wohl Vertrauen schenken darf, da er der Dialektik die für unsere Zeit wirksam gewordene Form gegeben hat. Hegel sagt: «Was nun die spekulative Dialektik des Platon anbetrifft, so ist dies, was bei ihm anfängt, das Interessanteste, aber auch das Schwierigste in seinen Werken; so daß man es gewöhnlich nicht kennen lernt, indem man die platonischen Schriften studiert.»[48]

Die Dialektik beginnt in einer gewissen Weise schon bei den Sophisten, also, wie wir heute sagen würden, bei den griechischen Intellektuellen des 5. Jahrhunderts. Sokrates ist ein entschiedener Gegner der Sophisten, Platon nimmt diese Gegnerschaft auf und führt sie weiter. So kommt es, daß wir die sophistischen Schlußweisen, allerdings in polemischer Zuspitzung, bei Platon dargestellt finden. Der *Euthydemos*, der zu den frühen Dialogen Platons gehört, bringt eine Schilderung der beiden Sophisten Euthydemos und Dionysodoros: *Der also, o Kriton, nach welchem du fragst, ist Euthydemos, und der neben mir zur Linken saß, sein Bruder Dionysodoros, der auch seinen Teil hat am Gespräch. – Ich kenne keinen von beiden, Sokrates. Auch dies sind wieder, wie es scheint, ganz neue Sophisten. Aber woher? Und was für Weisheit bringen sie? – Ursprünglich sind sie, soviel ich weiß, hier wo her aus Chios; sie waren aber mit zu den Thuriern gezogen, und seitdem sie von dort geflüchtet sind, halten sie sich schon mehrere Jahre in diesen Gegenden auf. Was aber ihre Weisheit betrifft, nach der du fragst, o Kriton, so ist es zu verwundern, was für Alleswisser sie sind. So daß ich meinesteils bis jetzt noch gar nicht wußte, was ein wahrer Kunstfechter wäre.* (*Euthydemos* 271 b–c / II, 75.)

In diesem Dialog berichtet Sokrates dem Kriton sein Gespräch mit den beiden Sophisten, in dem sie alle Künste ihrer sophistischen Dialektik spielen lassen: *Vater also, sprach er, war Sophroniskos und auch Chairedemos? – Allerdings, sprach ich, jener der meinige und der andere seiner. – Also, fragte er, war Chairedemos ein anderer als Vater? – Als der meinige, ja, sprach ich. – War er also etwa Vater, da er doch ein anderer war als Vater? Oder bist du einerlei mit einem Stein? – Ich fürchte wohl, sprach ich, unter deinen Händen könnte ich es werden; ich denke aber doch nicht. – Also bist du ein anderer als der Stein? – Ein anderer. – Und nicht wahr, weil du ein anderer bist als der Stein, bist du nicht Stein? Und weil ein anderer als Gold, bist du nicht Gold? – Richtig. – Also auch Chairedemos, sagte er, wenn er ein anderer ist als Vater, ist nicht Vater. – Er scheint, sprach ich, nicht Vater zu sein.* (*Euthydemos* 297 e–298 a / II, 98.)

Bei diesem Beispiel ist nun freilich der Trugschluß leicht zu erkennen. Sophroniskos ist der Vater des Sokrates und Chairedemos Vater des Patrokles. So ist Chairedemos zwar Vater, aber nicht Vater des Sokrates. Läßt man die Relationsbestimmung weg, so ergibt sich, daß Chairedemos Vater und zugleich nicht Vater ist. Auf diese Weise lassen sich leicht Widersprüche aufbauen, die schnell als bloße Begriffs-, wenn nicht gar Wortspiele erkannt werden können. Ebenso leicht lassen sich Widersprüche konstruieren, wenn man sich des Umstands bedient, daß die meisten Wörter mehrere Bedeutungen haben. Sokrates deckt diese Fehler mit viel Scharfsinn auf, doch man darf nicht vergessen, daß die große Freude der Griechen am Logos

Friedrich Nietzsche

und an der Sprache sie immer wieder verführt hat, damit zu spielen, wie dies gewiß in der Staats- und Gerichtsrede jeden Tag praktiziert worden ist. Sicher gibt es auch heute noch ein solches Spielen mit Begriffen und Worten, vielleicht nicht nur im alltäglichen Leben, sondern sogar in der Wissenschaft. Wie dem auch sei, die Feindschaft von Sokrates und Platon gegen diese Begriffs- und Sprachspiele ist verständlich.

Zenon ist es, der mit der ernsthaften Dialektik beginnt. Wir besitzen zwei ausgezeichnete Berichte darüber, den Dialog *Parmenides* und die Auseinandersetzung des Aristoteles mit der Dialektik Zenons. Wir halten uns zunächst an den Platonischen Dialog. Das Gespräch setzt ein mit der Diskussion über die Aporienschrift des Zenon, aus der er zuvor vorgelesen hatte. Sokrates bittet ihn, den ersten Satz des ersten Beweisgangs zu wiederholen. Nachdem Zenon dies getan hat, faßt Sokrates diesen ersten Satz nochmals in einer Rückfrage zusammen, um sich zu vergewissern, ob er den Gedankengang richtig verstanden hat. So kennen wir diesen ersten Satz aus der Schrift Zenons zwar nicht in seinem Wortlaut, wohl aber in einer interpretierenden Umschreibung durch Platon selbst: *Nachdem nun Sokrates zu Ende gehört, habe er gebeten, den ersten Abschnitt des ersten Beweisgangs noch einmal zu lesen, und als es geschehen, habe er gesagt: Wie, o Zenon, meinst du dieses? Wenn das Seiende Vieles wäre: so müßte es auch ähnlich sein und unähnlich? Dieses aber wäre unmöglich, denn weder könnte das Unähnliche ähnlich noch das Ähnliche unähnlich sein? Meinst du es nicht so? – Gerade so, habe Zenon gesagt.* (*Parmenides* 127 d–e / IV, 65.)

Hier finden wir zunächst die Grundbestimmung der Dialektik: daß von ein und demselben Gegenstand einander widersprechende Bestimmungen ausgesagt werden, das Seiende ist zugleich ähnlich und unähnlich. In der sophistischen Dialektik fanden wir denselben Sachverhalt: Chairedemos ist zugleich Vater und nicht Vater. Das Auftreten einander widersprechender Bestimmungen in der sophistischen Dialektik beruhte, wie wir gesehen haben, auf leicht durchschaubaren Trugschlüssen. Aber im *Parmenides* liegt der Fall anders, und hier setzt die große Auseinandersetzung um die Dialektik ein. Die Gegner aller Dialektik, und zu ihnen gehören so große Denker wie Aristoteles und Leibniz, sind der Überzeugung, daß jede Dialektik so wie die sophistische ein Truggebild darstellt. Wo immer im Denken Widersprüche auftauchen, handelt es sich um Fehler in den Begriffen oder Schlüssen. Die Verfechter der Dialektik, allen voran Platon und Hegel, meinen, daß Widersprüche unvermeidbar sind, und zwar sowohl im Denken als auch in der Realität. Wie steht es bei Zenon? Am deutlichsten sind hier die Widersprüche der Bewegung, die wir aus der Darstellung bei Aristoteles kennen. Greifen wir die bekannte Paradoxie von Achilleus und der Schildkröte heraus: «Das Langsamste kann in seinem Lauf vom Schnellsten niemals eingeholt werden. Denn der Verfolger muß, bevor es zum Überholen kommen soll, erst einmal den Punkt erreicht haben, an dem der Verfolgte gestartet war (ein Verhältnis, das sich dauernd fortsetzt), so daß das Langsamere dauernd einen gewissen (wenn auch abnehmenden, so doch nie zu Null werdenden) Vorsprung behalten muß.»[49]

Achilleus kann also die Schildkröte niemals einholen. Da wir aber aus der Erfahrung wissen, daß er sie einholen kann, liegt hier ein echter Widerspruch vor: Achilleus kann die Schildkröte einholen, Achilleus kann die Schildkröte nicht einholen.

Was als Quelle den Widersprüchen zugrunde liegt, und was auch die Quelle der Hegelschen Dialektik bildet, ist die Diskrepanz zwischen einem kontinuierlichen Geschehen und den diskreten Begriffen. Man sieht dies deutlicher, wenn man auf zwei weitere kontinuierliche Veränderungen hinblickt, auf das Wachsen und auf das Krank- bzw. Gesundwerden. Das Wachsen eines Kindes stellt einen so kontinuierlichen Prozeß dar, daß man nicht sagen kann: jetzt ist es noch ein Kind, jetzt ist es ein Erwachsener, vielmehr gibt es in der Entwicklung des Kindes Zeiten, in denen beides gilt: es ist noch ein Kind, es ist kein Kind mehr. Nicht anders ist es mit Gesund- und Krankwerden. Natürlich gibt es Zeiten, in denen das Krankheitsbild eines Menschen eindeutig ist, aber es gibt doch auch eine Übergangsphase, in der man nicht entscheiden kann, ob der Mensch noch gesund oder schon krank ist. Die Menschen bilden eben nicht zwei verschiedene Klassen, die Gesunden und die Kranken, der Übergang zwischen diesen beiden Klassen ist vielmehr völlig kontinuierlich.

Zweifellos gibt es Eigenschaften, durch die ganz diskrete Klassen konstituiert werden. Die Griechen haben schon immer mit Recht die beiden Begriffe «gerade» und «ungerade» als Beispiel dafür herangezogen; denn in der Tat zerfallen die natürlichen Zahlen völlig «diskret» in diese beiden Klassen, die geraden oder die ungeraden Zahlen. Jede natürliche Zahl gehört in eine und nur in eine dieser Klassen. Die Quelle der Widersprüche, die Zenon in einer ganzen Reihe von Beispielen behandelt, liegt in all diesen Fällen in den kontinuierlichen Übergängen.

G. W. F. Hegel. Stahlstich von Sichling nach einer Zeichnung von L. Sebbers

Eine zweite Quelle von Widersprüchen ist der Begriff der Totalität. Kant hat gezeigt, daß Antinomien entstehen können, sobald man von der ganzen Welt spricht, also die Totalität der realen Welt meint. Er analysiert die in diese Richtung gehenden Erwägungen offenbar in der Form, in der sie uns durch Platon vorliegen. Kant nimmt an, daß das Sein, von dem Zenon in seinem Buch und Platon in seinem Bericht sprechen, die Totalität alles Seienden meint.[50] Dann, so folgert er mit Recht, ergibt sich ein Widerspruch: läßt man diesen Begriff der Totalität zu, dann kann man zeigen, daß sie weder ähnlich noch unähnlich und sowohl ähnlich als auch unähnlich ist.

Die Entwicklung der Dialektik hat bestätigt, daß die fundierenden Gedankengänge Zenons richtig waren. Auch Platon erkennt sie an, fordert aber darüber hinaus eine Weiterentwicklung. Er betrachtet die Dialektik Zenons als die der realen Dinge, zu der eine Dialektik der reinen Ideen hinzukommen müßte, um wirklich Dialektik zu sein: *Denn wenn freilich jemand zeigte, die Ähnlichkeit selbst wäre unähnlich oder die Unähnlichkeit ähnlich, das wäre, denke ich, ein Wunder. Zeigt er aber, wie dem, was beides an sich hat, auch beides zukommt: so dünkt mich, o Zenon, dies gar nichts Widersinniges. Auch nicht, wenn jemand zeigt, alles sei Eins, weil es die Einheit an sich hat, und dasselbe sei auch wieder Vieles, indem es Menge an sich hat; aber wird er zeigen, was Eins ist, das selbst sei Vieles, und wiederum, das Viele selbst sei Eins: dieses werde ich gewiß bewundern.* (*Parmenides* 129 b / IV, 66.)

Dieser Versuch wird im zweiten Teil des *Parmenides* unternommen, der die Dialektik im eigentlichen Sinne behandelt, während der erste Teil die Aporetik der Ideenlehre darstellt.

Wegen der Schwierigkeiten, die seine Dialektik dem Verständnis entgegenstellt, finden fast alle, die als Freunde des Altertums zur Philosophie Platons kommen, die Platonische Dialektik und den Dialog *Parmenides* ungenießbar. Aber auch die Philosophen, die die Dialektik grundsätzlich ablehnen, wie Aristoteles und Leibniz, betrachten diesen Dialog sehr skeptisch. Umgekehrt hält Hegel gerade ihn für ein großes Meisterwerk Platons. Wie auch immer man sich

Immanuel Kant.
Gemälde von I. B. Becker, 1768

in diesen Auseinandersetzungen entscheiden möge, eines ist in vielen und wichtigen Arbeiten deutlich geworden: das Verständnis der Platonischen Philosophie hängt vom Verständnis der Platonischen Dialektik ab.

Wir wenden uns zunächst dem ersten Teil des *Parmenides* zu, also der Einteilung der Ideen in die schon genannten vier Klassen und der Problematik der Ideenlehre. Wenn man die Existenz der Ideen zugibt, wobei die Existenz von Ideen der vierten Klasse (Haare, Schmutz, Kot) strittig bleiben kann, dann erhebt sich die Frage, was eine Idee eigentlich ist und wie sich die Idee zu den Einzeldingen oder die Einzeldinge zur Idee verhalten. Diese Fragen führen zu großen Schwierigkeiten, die schon Platon selbst aufgezeigt hat, ohne allerdings zu einer Lösung zu gelangen. Ich muß mich hier auf zwei Beispiele beschränken. Stellt man die Frage nach dem Wesen der Idee, so lautet eine mögliche Interpretation, daß die Idee ein bloßer Gedanke, nichts als eine Vorstellung des Menschen ist: *Aber, o Parmenides, habe Sokrates gesagt, ob nicht etwa jeder von diesen Begriffen nur ein Gedanke ist, welchem nicht gebührt, irgendwo anders zu sein als in den Seelen.* (*Parmenides* 132 b / IV, 69.)

Dies ist nun eine Möglichkeit, die schon die Sophisten diskutiert haben, und die auch später, bis in unsere Zeit, immer wieder vertreten worden ist. Es gibt – um es an einem Beispiel zu veranschaulichen – nur die schönen Dinge, und der allgemeine Begriff der Schönheit, die Idee der Schönheit, existiert nur in unserer Vorstellung. Platon weist diese Interpretation entschieden zurück, ohne jedoch eine von allen Bedenken freie Lehre vortragen zu können.

Nicht geringer sind die Probleme, wenn man nach dem Verhältnis der Einzeldinge zur Idee fragt. Platon hat zur Bestimmung dieses Verhältnisses oft den Begriff «Anteilhabe» (methexis) verwandt. Die schönen Dinge haben Anteil an der Idee der Schönheit: *Dieses also sage mir: glaubst du, wie du sagst, es gebe gewisse Begriffe, durch deren Aufnahme in sich diese andern Dinge den Namen von ihnen erhalten, so daß, was die Ähnlichkeit aufnimmt, ähnlich, was die Größe, groß, was aber die Güte und Gerechtigkeit, gerecht wird und gut? – Allerdings, habe Sokrates gesagt. – Also muß entweder den gan-*

zen Begriff oder einen Teil davon jedes Aufnehmende in sich aufnehmen? Oder kann es außer diesen noch eine andere Aufnahme in sich geben? – Wie sollte es wohl? entgegnete er. (*Parmenides* 130 e bis 131 a / IV, 68.)

Wenn dies zutrifft, dann sind die schönen Dinge dadurch schön, daß sie an der Idee der Schönheit teilhaben, man muß also untersuchen, ob und wie eine solche Teilhabe möglich ist. Platon beginnt seine Untersuchung in der von uns zitierten Stelle mit der Unterscheidung zwischen zwei möglichen Weisen der Anteilhabe. Die weitere Analyse zeigt dann, daß keine der beiden vorgeschlagenen Arten der Anteilhabe wirklich denkbar ist. In analoger Weise werden mehrere Schwierigkeiten in der Ideenlehre aufgezeigt und durchdiskutiert, allerdings ohne befriedigende Lösungen. Trotz all dieser sorgfältig aufgezeigten Probleme betont Platon am Ende des ersten Teils des *Parmenides* die Notwendigkeit der Ideenlehre.

Der zweite Teil des Dialogs bringt die eigentliche Dialektik. Er war ja durch die Schrift Zenons, die er zu Beginn der Zusammenkunft vorgelesen hatte, und durch Sokrates' Forderung nach einer prinzipiellen Erweiterung der Dialektik über die Zenonsche Form hinaus vorbereitet. Von Parmenides wird die Erörterung der Dialektik als zur Wahrheitsfindung notwendig bezeichnet: *Was also willst du tun in Hinsicht der Philosophie? Wohin willst du dich wenden, wenn du über diese Dinge keine Erkenntnis besitzt? – Das glaube ich nicht recht abzusehen für jetzt. – Allzufrüh eben, habe Parmenides gesagt, ehe du dich gehörig geübt hast, o Sokrates, unternimmst du zu bestimmen, was schön ist und gerecht und gut, und so jeden andern Begriff. Schon neulich habe ich dies bemerkt, als ich hörte, wie du dich mit dem Aristoteles unterredetest. Schön allerdings und göttlich, das wisse nur, ist der Trieb, der dich treibt zu diesen Forschungen. Strecke dich aber zuvor noch besser und übe dich vermittels dieser für unnütz gehaltenen und von den meisten auch nur Geschwätz genannten Wissenschaft, solange du noch jung bist: denn wo nicht, so wird dir die Wahrheit entgehen.* (*Parmenides* 135 c–d / IV, 72.)

Gemäß der Forderung des Sokrates wird nun über Zenon hinausgehend die Einheit als solche untersucht. Der dialektische Diskurs besteht darin, daß jeweils eine bestimmte These und in neuem Ansatz ihr Gegenteil bewiesen wird. Zunächst wird von der Einheit bewiesen, daß sie weder ein Ganzes sein noch Teile haben kann: *Weder also kann das Eins ganz sein noch Teile haben ...* (*Parmenides* 137 d / IV, 74.)

Im ersten Beweisgang verfolgt Platon die Konsequenzen dieser These, im zweiten beweist er die gegenteilige These: die Einheit ist ein Ganzes und hat Teile: *Wenn vom Ist des seienden Eins gesprochen wird und vom Eins des Eins-Seienden, es ist aber das Sein und das Eins nicht dasselbe, sondern nur desselben, eben jenes Vorausgesetzten, des seienden Eins, ist es dann nicht notwendig als das Ganze seiendes Eins, und werden nicht das Eins und das Sein hiervon Teile? – Notwendig. – Wollen wir nun jeden dieser Teile nur*

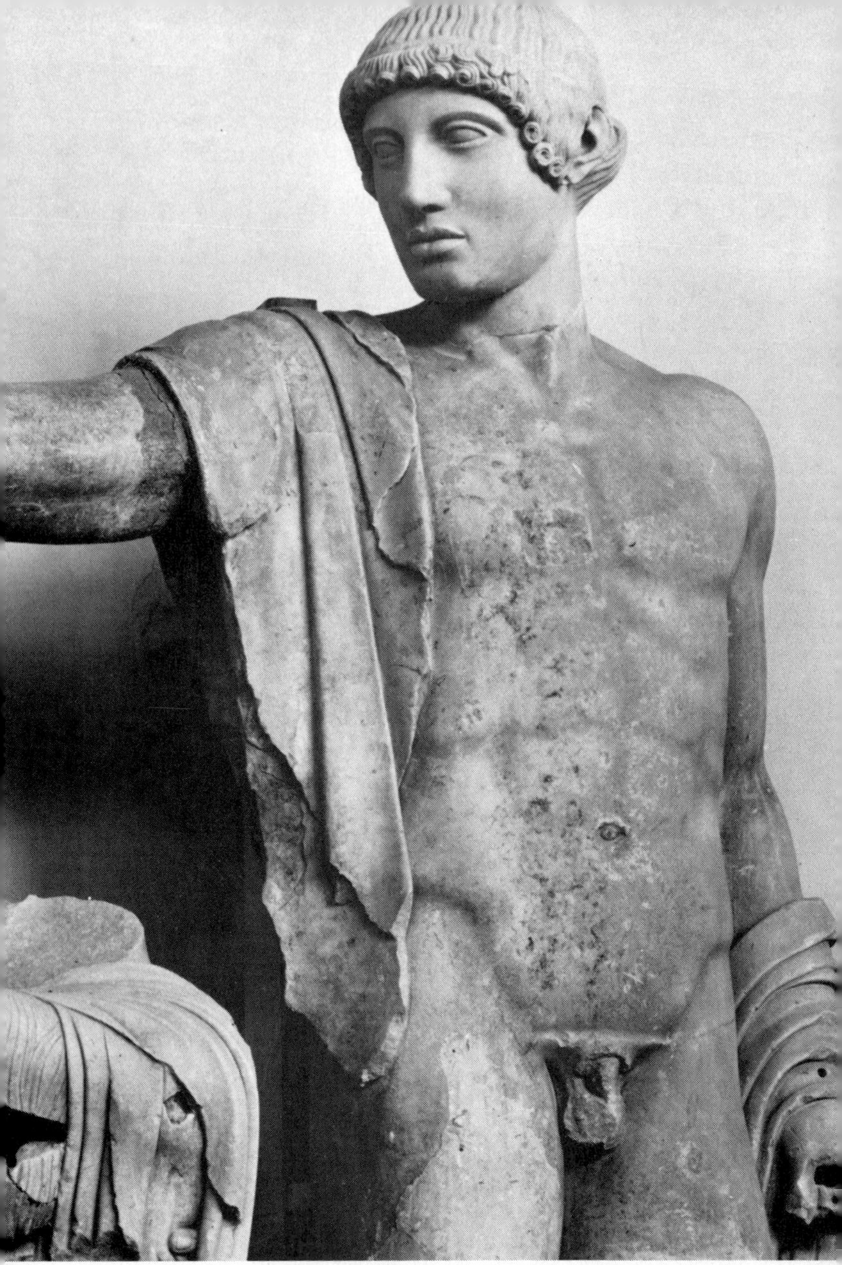

Apollon vom Westgiebel des Zeustempels in Olympia (um 460 v. Chr.)

Teil nennen, oder müssen wir nicht den Teil Teil des Ganzen nennen? – Des Ganzen. – Ein Ganzes ist also, was Eins ist, und es hat Teile. – Allerdings. (*Parmenides* 142 d / IV, 79.)

Damit ist das Grundschema der Dialektik gegeben: zwei einander widersprechende Aussagen sind beide wahr. Platon betont dies sehr deutlich in Zusammenfassungen. Zunächst gibt er einen Überblick über die beiden ersten Gedankengänge: *Das Eins, wenn es ist, wie wir es durchgeführt haben, muß es nicht notwendig, da es Eins ist und Vieles und auch weder Eins noch Vieles... sofern es Eins ist, zu einer Zeit das Sein an sich haben...?* (*Parmenides* 155 e / IV, 91.)

Der erste Widerspruch lautet also: das Eins ist Eines und Vieles. Zu diesem tritt als zweiter Widerspruch hinzu: das Eins ist nicht Eines und nicht Vieles. In der Mitte der dialektischen Diskussion gibt Platon folgende Zusammenfassung: *Auf diese Art also, wenn Eins ist, ist das Eins Alles und auch wieder nicht einmal Eins, sowohl für sich selbst als für die Anderen gleichermaßen.* (*Parmenides* 160 b / IV, 95.)

Am Schluß nennt er als Ergebnis der gesamten dialektischen Erörterung: *So sei demnach dieses gesagt, und auch, daß, wie es scheint, ob Eins nun ist oder nicht ist, es selbst und die Anderen, und zwar für sich sowohl als in Beziehung aufeinander, alles auf alle Weise ist und nicht ist und scheint sowohl als nicht scheint. – Vollkommen wahr.* (*Parmenides* 166 c / IV, 102.)

Dies ist in der Tat die Grundthese der Dialektik, daß *alles auf alle Weise ist und nicht ist.* Dieses Ergebnis ist meiner Überzeugung nach zu rechtfertigen, aber die Rechtfertigung würde uns zu einer grundsätzlichen Untersuchung der Dialektik als solcher führen. Hier lassen sich nur die verschiedenen Interpretationsmöglichkeiten aufzeigen, die allerdings sehr stark auseinandergehen. Eine extreme Position hält die ganze dialektische Erörterung für völlig unsinnig und deshalb auch für völlig unverständlich. Eine etwas gemäßigtere Interpretation vertritt die Ansicht, daß die Schwierigkeiten durch falsch gebildete Begriffe und falsch gezogene Schlüsse zustande gekommen seien. Andere Interpretationen, die bereits ins Positive gehen, verstehen diese Dialektik als die Darstellung der verschiedenen Stufen des Seins (so z. B. Plotin). Am positivsten ist die Interpretation Hegels, der den Dialog *Parmenides* für den Beginn aller wahren Dialektik und bereits für ein Meisterwerk der Dialektik selbst hält. Natürlich hängen alle diese Interpretationen von dem jeweiligen philosophischen Standpunkt ab. Wer die Dialektik als solche ablehnt, wird nichts als Unsinn und Trugschlüsse finden, wer das grundsätzliche Recht der Dialektik anerkennt, wird die Dinge ganz anders sehen, auch wenn er viele Fehler und Unrichtigkeiten aufdeckt. Ich selbst zweifle nicht daran, daß die positive Interpretation Hegels die richtige ist.

Platon. Hermenbüste im Vatikan (Sala delle Muse), Rom

Wie soll man Platons Philosophie insgesamt verstehen? Wo ist das eigentliche Zentrum seiner Lehre? Ich glaube, man muß zunächst einen Interpretationsansatz ablehnen, nämlich den, Platon nur aus seiner Zeit und – was eng damit zusammenhängt – aus der Bedeutung, die er für sie gehabt hat, zu verstehen. Es unterliegt keinem Zweifel, daß man zum Verständnis Platons mit Griechenland und Athen niemals genug vertraut sein kann. Die griechische Sprache, das griechische Denken und Handeln, die griechische Kunst, die griechische Polis, die griechischen Götter – aus alldem lebt Platon. Die Philosophen, die Platon verstehen wollen, können nicht genug Hilfe von den Philologen, Historikern und Archäologen bekommen. Aber ein Verstehen der großen Leistungen Platons aus seiner Zeit zu erwarten, scheint mir eine Utopie zu sein. Die Ideenlehre, die ich für die Mitte des Platonischen Philosophierens halte, mag etwa um 390 bis 380 konzipiert worden sein. Niemand hat bisher den Versuch unternommen, ihre Entstehung aus der Situation dieser Zeit zu erklären, und es besteht keine Aussicht, daß ein solcher Versuch, wenn man ihn einmal unternähme, glücken würde.

Noch weniger dürfte zu erwarten sein, wenn man Platon aus der Bedeutung für seine eigene Zeit verstehen wollte. Man weiß, daß alle Bemühungen in Syrakus zu nichts geführt haben, und niemand wird leugnen, daß es um Platons Verhältnis zur eigenen Polis noch schlechter stand. Er war in Athen wenig bekannt, galt höchstens als versponnener Sonderling. Schon sein äußeres Verhältnis zu dieser Stadt ist symptomatisch. Er war viel auf Reisen, und wenn er zu Hause war, lebte er außerhalb der Mauern auf den schönen Gütern des Kephisostales. So wird Platon wohl in Athen als seltsam zurückhaltender Mann gehalten worden sein und die Akademie als einer der vielen Kultvereine in Athen. So ist meiner Meinung nach für die Interpretation Platons aus seiner Zeit oder aus der Bedeutung für seine eigene Zeit nicht eben viel zu erwarten.

Nun haben sich freilich in der über zweitausendjährigen Geschichte der Platon-Interpretation bestimmte Ansätze herauskristallisiert. Vor allem heben sich drei Schwerpunkte heraus: man kann das Zentrum der Platonischen Lehre im Humanismus, in der Wissenschaftslehre oder in der Staatslehre sehen. Die Voraussetzung für jede Interpretationsmöglichkeit müßte meiner Ansicht nach zwei Kriterien miteinander verbinden, das sachlich-systematische Gewicht der Lehre, die den Mittelpunkt bildet, und die Kraft der historischen Wirkung, die von ihr ausgegangen ist. Geht man von dieser Zusammenschau aus, so scheint mir die Wissenschaftslehre bei weitem das Wichtigste zu sein, die Staatslehre – und noch mehr der Humanismus – dagegen an Bedeutung zu verlieren.

Erwägt man zunächst die Bedeutung des Humanismus, so wird keiner leugnen wollen, daß dieses Moment der Platonischen Philosophie immer wieder in den Vordergrund getreten ist. Die große Liebe der Renaissance zu Platon wurde von den Humanisten ausgelöst und gefördert. In der Moderne darf als großes Beispiel die Platon-Interpretation von Wilamowitz-Moellendorff gelten, die durch und durch vom Humanismus bestimmt ist. Aber es muß doch bezweifelt werden, ob der Humanismus auch heute noch dasselbe Gewicht für die Bewertung Platons haben kann wie früher.

Damit stellt sich die Frage nach der Staatslehre, die häufig als das Zentrum der Platonischen Philosophie angesehen worden ist. Man hat sogar die Formulierung gewagt, es gehe Platon um den Staat und nur um den Staat, und Philosoph sei er eigentlich nur wider Willen gewesen. Vor allem im angelsächsischen Denken wird die Bedeutung Platons von seiner Staatslehre hergeleitet. Ein solcher Ansatz kann die besten Gründe vorbringen; denn auf den Staat beziehen sich die zehn Bücher der *Politeia* und die *Nomoi*, also die beiden umfangreichsten Werke Platons. Dabei gibt die *Politeia* das vollkommene, ideale Bild des Staates, während die *Nomoi* in erster Linie auf seine realen Möglichkeiten bezogen sind. Beiden Werken gemeinsam ist die darin entwickelte philosophische Konzeption des Staates. Man wird aber fragen müssen, ob in diesen beiden großen Werken Platons der Staat wirklich in seiner lebendigen Fülle und Realität getroffen ist. Vielleicht aus diesem Grunde ist auch in der angelsächsischen Platon-Interpretation der letzten Jahrzehnte immer stärker die Bedeutung der Erkenntnis- wie der Wissenschaftstheorie hervorgetreten. Einen gewissen Höhepunkt dieser Entwicklung bildet das Buch von Norman Gulley, das schon durch seinen Titel «Plato's Theory of Knowledge» den Interpretationsansatz deutlich zum Ausdruck bringt.[51]

Es gibt mehrere Argumente dafür, Platons Staatsentwurf für teilweise verfehlt zu halten. Zwei nicht so wesentliche Einwände betreffen die geforderte Weiber- und Kindergemeinschaft, die oft bespöttelt worden ist, sowie die Forderung nach der Vermögenslosigkeit der Regierenden, die gewiß schwer durchführbar sein würde. Der eigentliche Einwand jedoch bezieht sich auf Platons Vorstellung von der Unveränderlichkeit des einmal geschaffenen Staates. Er begründet sie mit dem Hinweis, daß die Philosophen imstande seien, den wahren Staat zu errichten, so daß kein Grund bestehe, ihn in irgendeiner Weise zu ändern. In diesem Punkt scheint die geschichtliche Wirklichkeit des Staates völlig zugunsten einer Utopie verkannt zu sein.

Die Wissenschaftslehre

Jede Platon-Darstellung geht von einer bestimmten Grundposition aus, die weitgehend festsetzt, was als das Wesentliche an Platon angesehen wird, und dieser hermeneutische Vorgriff wiederum bestimmt weitgehend die Auswahl des Darzustellenden wie die Interpretation selbst. Dies gilt schon von der Frage nach den eigentlich wichtigen Dialogen. Stehen die mehr zum Mythos neigenden Dialoge im Mittelpunkt, der *Phaidon*, der *Phaidros*, das *Symposion*? Oder ist die *Politeia* das eigentliche Zentrum des Platonischen Philosophierens, vielleicht noch zu ergänzen durch die *Nomoi*? Oder liegt der Schwerpunkt in den der reinen Theorie zugewandten Dialogen der Spätzeit, dem *Timaios*, dem *Parmenides*, dem *Sophistes*, dem *Theaitetos*? In keiner Weise kann es unserer Meinung nach die Aufgabe sein, Platon von einem bestimmten Grundansatz her zu interpretieren. Notwendig ist es aber – und es ist ein Mangel, wenn das nicht geschieht –, daß der Grundansatz deutlich herausgestellt wird. Der in dieser Darstellung verfolgte Leitgedanke zielt dahin, Platons Bedeutung für die Wissenschaft, für die reine Theorie und für die Reflexion – mit einem Wort also die Wissenschaftslehre – als das eigentlich Wesentliche zu betrachten. Dazu veranlassen uns zwei Gesichtspunkte, die heute weithin anerkannt sind. Die erste Erwägung bezieht sich auf die Tatsache, daß die Wissenschaften für die moderne Welt eine ständig wachsende Bedeutung erlangt haben, die sich unserer Überzeugung nach in der künftigen Entwicklung in kaum absehbarer Weise noch verstärken wird. Die zweite Erwägung läuft darauf hinaus, daß Platon zu den Begründern der reinen Wissenschaft gehört, ja, daß er es eigentlich ist, der den Begriff der reinen Wissenschaft entwickelt hat. Wenn diese Begründung der reinen Wissenschaft als das eigentliche Zentrum des Platonischen Philosophierens angesehen wird, dann geht die darauf basierende Darstellung natürlich über eine immanente Interpretation hinaus, das heißt, sie läßt sich von der geschichtlichen Wirkung leiten. Dabei bleibt allerdings die Frage nach der Berechtigung einer solchen Interpretation offen. Wir meinen jedoch, daß die Berücksichtigung der geschichtlichen Wirkung notwendig ist, wenn man entscheiden will, ob Staats- oder Wissenschaftslehre im Zentrum des Platonischen Philosophierens stehen. Wie immer man diese Frage auch entscheiden mag, es ist unerläßlich, die Grundlage der Interpretation nachdrücklich hervorzuheben.

Um die Wissenschaftslehre Platons in ihrer Bedeutung zu erkennen, muß man zunächst die Situation der Wissenschaft im griechischen Denken zur Zeit Platons betrachten. Das 19. Jahrhundert neigte im allgemeinen dazu, die wissenschaftlichen Entdeckungen der Griechen so spät wie möglich zu datieren. Daß ein bestimmter geometrischer Lehrsatz der «pythagoreische» genannt wurde, erschien ihnen als völlig unglaubhafte Sagenbildung. Unsere fortgeschrittene Kenntnis der griechischen Mathematik hat ein anderes Bild ergeben. Grundlegende mathematische Erkenntnisse müssen nicht nur in eine frühe griechische Zeit gerückt werden, sondern sie müssen gut tausend Jahre nach Ägypten und Babylonien vorverlegt werden. Nehmen wir als Beispiel Ägypten: es ist ohne weiteres verständlich, daß zur Verwaltung eines so großen Staates und zum Bau der Pyramiden beträchtliche arithmetische und geometrische Kenntnisse notwendig waren. So wird die Tatsache von den Ägyptern benutzt, daß ein in den Abständen 3, 4 und 5 geteiltes Seil, wenn es zu einem Dreieck gespannt

Samische Münze mit Darstellung des Pythagoras

wird, einen rechten Winkel bildet. Daraus könnte man schließen, daß ihnen der pythagoreische Lehrsatz, den sie hier anwenden, bekannt war.

Wenn die Dinge so liegen, dann erhebt sich doch die Frage nach der Leistung der griechischen Mathematiker. Sie wird gerade aus dem Vergleich mit Ägypten und Babylonien deutlich. Für die Ägypter und Babylonier sind die arithmetischen und geometrischen Erkenntnisse jeweils Einzelerkenntnisse. Jeder Satz steht für sich und muß einzeln gelernt werden, so wie heute noch ein Kind das Einmaleins Stück für Stück auf empirischem Weg lernen muß. Auch die Beweise der Sätze dürften empirisch-experimentell geführt worden sein. Erst die Griechen erkennen, daß mathematische Sätze zusammenhängen und mathematisch bewiesen werden können – mit anderen Worten, daß sie eine theoretische Wissenschaft bilden. In den Anfängen der griechischen Mathematik wird der Beweis freilich durchweg noch auf anschauliche Weise geführt worden sein. So ist gewiß der Satz von der Winkelsumme im Dreieck zuerst beim gleichseitigen Dreieck gefunden worden, indem man in einen Kreis ein Sechseck einzeichnete und die sechs Ecken durch drei Durchmesser verband. Aus der Gleichheit der so entstandenen sechs Dreiecke und der Gleichheit der dabei auftretenden achtzehn Winkel kann man leicht schließen, daß die Winkelsumme im gleichseitigen Dreieck zwei rechte beträgt. Auf Grund der Teilung des gleichseitigen Dreiecks durch die Mittelsenkrechte kommt man bei diesem Dreieck zu demselben Ergebnis, und der Aufstieg zum allgemeinen Satz ist nicht sehr schwer, wenn er auch die griechischen Mathematiker viel Mühe gekostet hat. Die spezifisch griechische Erkenntnis, daß die mathematischen Sätze einen theoretischen Zusammenhang bilden, findet in nahezu vollkommener Form in der Theorie Euklids, den «Elementen», ihren Ausdruck. Die «Elemente» sind etwa um 300 v. Chr. geschrieben worden, also geraume Zeit nach Platon, doch sind sie sicher stark durch die wissenschafts-theoretischen Erwägungen Platons und Aristoteles' in ihrer systematischen Form beeinflußt worden. Außerdem wird es schon zuvor mehrere systematische Darstellungen gegeben haben, die dann durch die bessere des Euklid so verdrängt worden sind, daß sie völlig verlorengegangen sind. Man darf sich also die Entwicklung in der Weise vorstellen, daß die frühen griechischen Mathematiker faktisch die reine Form der Theorie auf Grund ihrer mathematischen Intuition gefunden haben und daß Platon diese Form der reinen Theorie in ihrer Bedeutung erkannt, weiterentwickelt und damit den grundsätzlichen Anspruch von Wissenschaft überhaupt begründet hat. So bringt Platon nicht zufällig im Eingang des *Theaitetos* den allgemeinen Satz, daß – frei formuliert – die Wurzel aus einer ganzen Zahl entweder selbst eine ganze Zahl oder irrational ist, als grundsätzliches Beispiel für ein Beweisverfahren überhaupt.

Der Dialog *Theaitetos* ist es auch, in dem zum erstenmal die Frage, was Wissenschaft ist, im griechischen Denken gestellt wird. Daß der Dialog nur der Form nach ein sokratischer ist, während in Wirklichkeit Platon spricht, haben wir schon erwähnt. Formal wird dieser Dialog in Form eines sokratischen Gespräches geführt. Sokrates spricht mit einem Sachverständigen, eben mit Theaitetos. Dieser antwortet auf seine Fage nach dem Wesen von Wissenschaft mit der Aufzählung von Einzelwissenschaften. «Wissenschaft» ist die Geometrie, die Astronomie und die Akustik, aber auch die Schuhmacherei und das Wissen der anderen Handwerker. Wie die Beispiele zeigen, hat das griechische Wort «episteme» eine sehr viel weitere Bedeutung als das deutsche Wort «Wissenschaft». Für die Bedeutungsbreite des griechischen Ausdrucks gibt es kein entsprechendes deutsches Wort, vielmehr hat die Entwicklung der Wissenschaften zu einer Einengung dieses Begriffs auf die eigentlichen Wissenschaften geführt. Sokrates antwortet nun in der gewohnten Weise, er wolle nicht die Aufzählung einzelner Wissenschaften hören, sondern was Wissenschaft überhaupt sei. Theaitetos gibt dann eine Reihe von Bestimmungen, zum Beispiel als zweite die des Protagoras, daß Erkenntnis nichts anderes als Wahrnehmung sei (vgl. *Theaitetos* 152 a / IV, 116). Aber in der Nachprüfung der Antworten erweist sich jede als unzulänglich. Am Schluß kann Sokrates nur feststellen, daß keine der gegebenen Bestimmungen stichhaltig ist, und hoffen, daß es Theaitetos gelingen möge, bessere Definitionen zu finden.

Blicken wir auf die frühen sokratischen Gespräche zurück, so wird uns der große Unterschied in der Thematik deutlich. Sokrates zielte mit seinen Fragen nach der Tapferkeit, der Frömmigkeit etc. auf das Handeln ab, wie es jedem Menschen zukommt oder zukommen sollte; Platon fragt: Was ist die Wissenschaft? Nichts spricht dafür, daß Sokrates selbst eine Frage von so theoretischem Charakter und von solch theoretischer Bedeutsamkeit gestellt hat.

Wer möchte nicht der Akademie angehört haben, als Platon diese Fragen nach der reinen Theorie in einem Kreis gestellt hat, dem Eudoxos, Theaitetos, Speusippos und später Aristoteles angehörten! Ist man über den aporetischen Ausgang des Gespräches bekümmert, so muß man bedenken, daß bei aller Entwicklung, die die Wissenschaften genommen, und bei aller Bedeutung, die sie erlangt haben, die Frage danach, was Wissenschaft ist, bis heute noch nicht hinreichend beantwortet worden ist und daß schwerlich jemand eine Antwort geben wird, die auf alle vergangenen, gegenwärtigen und zukünftigen Wissenschaften in vollem Maße zutrifft. Andererseits liegt das Wesen der Wissenschaft gerade darin, ständig über sich selbst zu reflektieren, sei es nun in Form der allgemeinen Frage nach dem Wesen von Wissenschaft überhaupt oder als Frage nach einer konkreten Wissenschaft. Gerade in unserem Jahrhundert haben wir erlebt, welche Bedeutung diese Fragestellung für die Physik gehabt hat. Betrachtet man das Problem im Rahmen dieser Entwicklung, dann wird man sehen, daß die Frage Platons nach ihrem Wesen die Wissenschaften, die es damals gewiß in konkreten Formen schon gab, doch erst zu Wissenschaften im eigentlichen Sinne gemacht hat. Dabei war Platon sich freilich dessen bewußt, daß es keine abschließende dogmatische Antwort auf diese Frage geben kann.

Indem wir diese Frage: «Was ist Wissenschaft?» für das bedeutsamste Moment des Platonischen Philosophierens halten, begegnen wir freilich manchem Widerspruch. Aber es ist nun einmal notwendig, sich für eine Blickrichtung zu entscheiden, wobei es allerdings unerläßlich bleibt, über den gewählten Grundansatz kritisch nachzudenken.

Bei der unübersehbaren Fülle des Platonischen Denkens fällt es allerdings schwer, einen besonderen Leitgedanken herauszuheben und zu verfolgen. Platon ist ja zugleich einerseits Wissenschaftler und Philosoph, andererseits Dichter; Logos und Mythos finden in seiner Seele einen harmonischen Ausgleich. Selbst wenn wir unsere Betrachtung von vornherein auf den Logos einengen, erscheint bereits eine Vielfalt von möglichen Grundgedanken, allen voran Ideenlehre und Dialektik, dann Polytheismus und Monotheismus, der Humanismus, die Staatslehre und die Wissenschaftslehre.

So wird jeder, der den Weg zu Platon sucht, beeindruckt sein von dem Reichtum seines Philosophierens und verwirrt durch die Vielheit der vorliegenden Interpretationen. Ich glaube jedoch, daß diese Mannigfaltigkeit und jener Reichtum positiv zu werten sind. Es gehört zum Wesen des Genius, daß sein Werk niemals endgültig und apodiktisch interpretiert werden kann. Niemals wird jemand abschließend sagen können: dies war Platon, sondern immer wieder wird es einer Generation möglich sein, neue Grundelemente im Werk Platons zu entdecken. So kann der Autor dieser Monographie nur hoffen, Leser zu finden, die das Glück und den Mut haben, die Unerschöpflichkeit Platons, das wahre Zeichen seiner Größe, zu erkennen und sich von der Fülle seines Denkens überwältigen zu lassen.

ANMERKUNGEN

1 Euripides: Medea. Vers 824 f. Nach der Übersetzung von J. J. Donner bearbeitet von R. Kamnicht. Stuttgart 1958
2 Wilamowitz-Moellendorff: Platon. Berlin ^{3}1929. Bd. 1. S. 644
3 Sophokles: Ödipus auf Kolonos. Vers 668 f. Übersetzung von H. Weinstock. Stuttgart 1967
4 Aristophanes: Die Wolken. Vers 1005 f. Übersetzung von Otto Seel. Stuttgart 1963
5 Wilamowitz-Moellendorff, S. 270
6 Hans Herter: Platons Akademie. Bonner Universitätsschriften 4 (1946), S. 11 f
7 Wilamowitz-Moellendorff, S. 272
8 Oskar Becker: Die Grundlagen der Mathematik. München 1957. S. 52–55, 60, 62, 81, 83–87, 116, 237
9 Moritz Cantor: Geschichte der Mathematik, I. Leipzig–Berlin ^{4}1922. S. 194, 235, 236 f, 245, 248, 260, 275 f, 348
10 Cantor, S. 232
10 a Cantor, S. 260
11 Wilamowitz-Moellendorff, S. 328 (Anm.)
12 Herter, S. 24
13 Wilamowitz-Moellendorff, S. 719
14 Aristoteles: Fragment 64
15 Aristoteles: Pol. 1265 a 11 f
16 Nietzsche: Die Geburt der Tragödie. München 1954
17 Wilamowitz-Moellendorff, S. 599
18 John Burnet: Greek Philosophy. London ^{5}1932
19 O. Gigon: Platon. Sein Bild in Dichtung und Geschichte. Bern 1947
20 Schleiermacher: Geschichte der Philosophie. Ed. H. Ritter. Berlin 1839. Bd. IV, 1. S. 81 f, 97 f
21 Gottfried Martin: Sokrates. Reinbek 1967 (rowohlts monographien. 128)
22 Gilbert Ryle: Plato's Progress. Cambridge 1966
23 Ludwig Edelstein: Plato's Seventh Letter. Leiden 1966
24 H. G. Gadamer: Dialektik und Sophistik im siebenten platonischen Brief. Heidelberg 1964
25 W. Bröcker: Der philosophische Exkurs in Platons siebtem Brief. Hermes 91 (1963), S. 416 f
26 Wilamowitz-Moellendorff, S. 644
27 E. Dönt: Platons Spätphilosophie und die Akademie. Wien 1966
28 H. J. Krämer: Arete bei Platon und Aristoteles. Heidelberg 1959
29 Konrad Gaiser: Platons ungeschriebene Lehre. Stuttgart 1963
30 Anthologia Graeca, Griechisch-Deutsch. Ed. H. Beckby. 6 Bde. München, 2. verb. Auflage o. J. (^{1}1957 f)
31 Anthologia lyrica Graeca. Ed. E. Diehl. Leipzig ^{2}1936. Bd. I. S. 106, Nr. 14. Die Übersetzung dieses Epigramms besorgte F. D. Ferfers.
32 Leisegang: Platon. In: Pauly-Wissowas Realenzyklopädie. Stuttgart 1950. Bd. XX, 2, Sp. 2535–2537
33 R. Böhringer: Platon. Bildnisse und Hinweise. 1935
34 Gisela Richter: The Portraits of the Greeks.London 1965. Bd. I
35 A. Hekler: Ein neues Platonbild und die Platonstatue Silanions. Ein Rekonstruktionsversuch. Praktika tes Akademias Athenon IX/1934, S. 80 f
36 Wilamowitz-Moellendorff, S. 654 f
37 Wilamowitz-Moellendorff, S. 657
38 Wilamowitz-Moellendorff, S. 693

39 Hans M. Wolff: Plato, der Kampf ums Sein. Bern 1957. S. 302
40 B. Schweitzer: Platon und die bildende Kunst der Griechen. Tübingen 1953
41 Schweitzer, S. 88 f
42 Schweitzer, S. 25
43 Paul Natorp: Platos Ideenlehre. Leipzig 1903
44 Natorp, a. a. O., Leipzig [2]1921, S. VIII, 457 f
45 Wilamowitz-Moellendorff, S. 414 f
46 Martin Heidegger: Platons Lehre von der Wahrheit. Bern 1947. S. 5 f
47 Werner Jaeger: Paideia. Berlin 1947. Bd. 3. S. 14 f
48 Hegel: Geschichte der Philosophie. Ed. Glockner. Bd. 18. S. 226
49 Aristoteles: Phys. 239 b 14 f
50 Kant: Kritik der reinen Vernunft, A 502, B 530
51 Norman Gulley: Plato's Theory of Knowledge. London 1962

REIHENFOLGE DER DIALOGE

(nach Wilamowitz-Moellendorff)

Die Seitenangaben beziehen sich auf die entsprechenden Stellen bei Wilamowitz-Moellendorff

Ion (S. 131 f)
Hippias II (S. 131 f)
Protagoras (S. 131 f)
Apologie
Kriton
Laches
Lysis
Charmides
Euthyphron
Thrasymachos (später *Politeia*, Buch I)
Gorgias
Menexenos, ca. 386 (S. 267)
Menon, «Programm der Akademie» (S. 274)
Kratylos
Euthydemos
Phaidon
Symposion
Politeia, ca. 374 oder etwas später (S. 393)
Phaidros, unmittelbar nach der *Politeia* (S. 459)
Parmenides
Theaitetos, zwischen 369 und 366 (S. 515 und S. 557)
Sophistes, zwischen 366 und 361 (S. 557)
Politikos, zwischen 366 und 361 (S. 557)
Timaios, nach 360 (S. 586)
Kritias, aus dem Nachlaß veröffentlicht (S. 592)
Philebos, bald nach dem *Timaios* (S. 628)
Siebenter und *Achter Brief*, ca. 353, «noch im nächsten Jahr spätestens» [nach Dions Tod] (S. 644)
Nomoi, unmittelbar nach Platons Tod herausgegeben (S. 654)

Im allgemeinen findet sich dieselbe Reihenfolge bei Taylor (London [8]1955, S. XI). Ein bedeutungsvoller Unterschied liegt jedoch einmal in bezug auf den *Protagoras* vor (Wilamowitz-Moellendorff stellt ihn an den Anfang, Taylor zwischen *Symposion* und *Politeia*), zum anderen hinsichtlich des *Hippias I*, den Taylor für echt hält, Wilamowitz-Moellendorff (Berlin 1919, Bd. II, S. 327 f) für unecht. Ferner legt sich Taylor nicht auf eine bestimmte Reihenfolge der Frühdialoge fest. O. Gigon (Lexikon der Alten Welt, Zürich–Stuttgart 1965, Sp. 2366) bringt lediglich eine Abfolge von vier Gruppen, zu denen er die Platonischen Dialoge zusammengefaßt hat.

ZEITTAFEL

(nach Taylor)

469	Sokrates geboren
429	Perikles gestorben
428/427	Platon geboren
423	«Die Wolken» des Aristophanes
415–413	Expedition nach Syrakus. Vernichtung des athenischen Heeres
405	Dionysios I. wird Tyrann von Syrakus
404	Ende des Peloponnesischen Krieges. Kapitulation von Athen
399	Hinrichtung des Sokrates
ca. 389–387	1. sizilische Reise
385	Aristoteles geboren
369	(wahrscheinlich) tödliche Verwundung des Theaitetos in der Schlacht von Korinth
367	Dionysios I. gestorben. – 2. sizilische Reise. – Aristoteles tritt in die Akademie ein
361/360	3. sizilische Reise
357	Dion erobert Syrakus
ca. 356	Alexander der Große geboren
354	Dion auf Veranlassung von Kallippos ermordet
347	Platon gestorben
346	Dionysios II. zeitweise wieder Tyrann in Syrakus
344/343	Dionysios II. endgültig aus Syrakus vertrieben
343/342	Aristoteles Lehrer des jungen Alexander

NACHBEMERKUNG

Für die Erarbeitung der vorliegenden Darstellung darf ich für vielfältige Hilfe meiner Kollegen und meiner Schüler danken. Besonderen Dank schulde ich meinem Kollegen Professor Kirsten, dem Ordinarius für Historische Geographie an der Universität Bonn, für die Hilfe bei Nachweis und Auswahl der Bilder. Meine Schüler Frl. A. Lange, M. A. und Herr cand. phil. F. D. Ferfers haben mir in nie ermüdender Weise geholfen.

Röttgen, d. 12. 6. 1968 *Gottfried Martin*

ZEUGNISSE

Aristoteles

Warum erweisen sich alle außergewöhnlichen Männer in Philosophie oder Politik oder Dichtung oder in den Künsten als Melancholiker…? Von den Späteren aber waren es Empedokles, Platon, Sokrates und viele andere bekannte Männer, ferner aber auch von den Dichtern die meisten.

Probl. Phys. 953 a 10 f / 27 f. Übers. H. Flashar in Aristoteles, Werke in deutscher Übersetzung. Ed. E. Grumach. Darmstadt 1962. Bd. 19

Den Charakter des Außerordentlichen, Feinen, Bahnbrechenden und Durchdachten tragen die sämtlichen Erörterungen des Sokrates an sich; daß aber alles auch richtig sei, ist wohl in der Tat schwer zu erreichen…

Politik 1265 a 11 f. Übers. von F. Susemihl. Reinbek 1965 (RK 171/172/173)

Cicero

Wer ist reichhaltiger in seiner Sprache als Platon? So, sagen die Philosophen, rede Jupiter, falls er Griechisch spreche.

Brutus 31, 120 f

Augustinus

1) Wir freilich halten Plato weder für einen Gott noch für einen Halbgott. Wir stellen ihn keinem der heiligen Engel des höchsten Gottes gleich, keinem Propheten der Wahrheit, keinem Apostel, keinem Märtyrer Christi und auch nicht irgendeinem christlichen Menschen.

2) … Unter den Schülern des Sokrates strahlt in höchstem Ruhm, und das mit Recht, Plato hervor, der schlechthin alle übrigen in den Schatten stellt… Platos Ruhm nun besteht darin, durch Vereinigung dieser beiden Geister [Sokrates und Pythagoras] die Philosophie vervollkommnet zu haben.

Civ. Dei II, 14; VIII, 4. Übersetzt v. C. J. Perl, 3 Bde. Salzburg 1951–1953

Immanuel Kant

1) Die leichte Taube, indem sie im freien Fluge die Luft teilt, deren Widerstand sie fühlt, könnte die Vorstellung fassen, daß es ihr im luftleeren Raum noch viel besser gelingen werde. Ebenso verließ Plato die Sinnenwelt, weil sie dem Verstande so vielfältige Hindernisse legt, und wagte sich jenseits derselben auf den Flügeln der Ideen, in den leeren Raum des reinen Verstandes…

2) Plato bemerkte sehr wohl, daß unsere Erkenntniskraft ein weit höheres Bedürfnis fühle, als bloß Erscheinungen nach synthetischer Einheit zu buchstabieren, um sie als Erfahrung lesen zu können, und daß unsere Vernunft natürlicherweise sich zu Erkenntnissen aufschwinge, die viel weiter gehen, als daß irgendein Gegenstand, den Erfahrung geben kann, jemals mit ihnen kongruieren könne, die aber nichtsdestoweniger ihre Realität haben und keineswegs bloße Hirngespinste sind.

Plato fand seine Ideen vorzüglich in allem was praktisch ist... [Anm.:] Er dehnte seinen Begriff freilich auch auf spekulative Erkenntnisse aus, wenn sie nur rein und völlig a priori gegeben waren, sogar über die Mathematik, ob diese gleich ihren Gegenstand nirgend anders, als in der *möglichen* Erfahrung hat. Hierin kann ich ihm nun nicht folgen, so wenig als in der mystischen Deduktion dieser Ideen, oder den Übertreibungen, dadurch er sie gleichsam hypostasierte; wiewohl die hohe Sprache, deren er sich in diesem Felde bediente, einer milderen und der Natur der Dinge angemessenen Auslegung ganz wohl fähig ist.

Kritik der reinen Vernunft A 5; A 314 f

Johann Wolfgang von Goethe

Plato verhält sich zu der Welt, wie ein seliger Geist, dem es beliebt, einige Zeit auf ihr zu herbergen. Es ist ihm nicht sowohl darum zu thun, sie kennen zu lernen, weil er sie schon voraussetzt, als ihr dasjenige, was er mitbringt und was ihr so noth thut, freundlich mitzutheilen. Er dringt in die Tiefen, mehr um sie mit seinem Wesen auszufüllen, als um sie zu erforschen. Er bewegt sich nach der Höhe, mit Sehnsucht, seines Ursprungs wieder theilhaft zu werden. Alles, was er äußert, bezieht sich auf ein ewig Ganzes, Gutes, Wahres, Schönes, dessen Forderung er in jedem Busen aufzuregen strebt. Was er sich im Einzelnen von irdischem Wissen zueignet, schmilzt, ja man kann sagen, verdampft in seiner Methode, in seinem Vortrag.

Geschichte der Farbenlehre (Jub.-Ausg. 40, 154)

Georg Wilhelm Friedrich Hegel

1) Mit Plato fängt die philosophische Wissenschaft als Wissenschaft an.

2) Was Sokrates begann, ist von Plato vollführt. Er erkennt nur das Allgemeine, die Idee, das Gute als das Wesenhafte. Durch die Darstellung seiner Ideen hat Plato die Intellektualwelt eröffnet. Sie ist nicht jenseits der Wirklichkeit, im Himmel, an einem anderen Orte, sondern sie ist wirkliche Welt; wie auch bei Leucipp, das Ideelle ist der Wirklichkeit näher gebracht, nicht metaphysisch. Aber nur das ist das Seyende in der Welt, was das an und für sich Allgemeine

ist. Das Wesen der Ideen ist die Ansicht, daß nicht das sinnlich Existierende das Wahre ist, sondern allein das in sich bestimmte Allgemeine, – die Intellektual-Welt das Wahre, Wissenswerthe, überhaupt das Ewige, an und für sich Göttliche ist. Die Unterschiede sind nicht seyende, sondern nur vorübergehende. Das Absolute des Plato, als das in sich Eine und mit sich Identische, ist konkret in sich; es ist eine Bewegung, ein Zurückgehen in sich selbst und ewiges Beisichseyn. Die Liebe zu den Ideen ist das, was Plato Enthusiasmus nennt.

3) Philosophie ist ihm das Wesen für den Menschen. Er drückt überall die erhabensten Vorstellungen von der Würde der Philosophie aus, – sie allein sey das, was der Mensch zu suchen hat; das tiefste Gefühl und entschiedenste Bewußtseyn, alles Andere für geringer zu achten.

Vorlesungen über die Geschichte der Philosophie
(Sämtl. Werke. Ed. II; Glockner. Bd. 18, S. 169/199/191)

FRIEDRICH NIETZSCHE

Der platonische Dialog war gleichsam der Kahn, auf dem sich die schiffbrüchige ältere Poesie samt allen ihren Kindern rettete: auf einem engen Raum zusammengedrängt und dem einen Steuermann Sokrates ängstlich untertänig, fuhren sie jetzt in eine neue Welt hinein, die an dem phantastischen Bilde dieses Aufzugs sich nie sattsehen konnte.

Die Geburt der Tragödie. 1872

Wer das fortwährende Jauchzen nicht hört, welches durch jede Rede und Gegenrede eines platonischen Dialogs geht, das Jauchzen über die neue Erfindung des vernünftigen Denkens, was versteht der von Plato, was von der alten Philosophie?

Morgenröte, Buch V, 544

... woher eine solche Krankheit am schönsten Gewächse des Altertums, an Plato?

Jenseits von Gut und Böse. Vorrede. 1886

... so wüßte ich nichts, was mich über Platos Verborgenheit und Sphinx-Natur mehr hat träumen lassen als jenes glücklich erhaltene petit fait: daß man unter dem Kopfkissen seines Sterbelagers keine «Bibel» vorfand, nichts Ägyptisches, Pythagoreisches, Platonisches – sondern den Aristophanes. Wie hätte auch ein Plato das Leben ausgehalten – ein griechisches Leben, zu dem er Nein sagte – ohne einen Aristophanes!

Jenseits von Gut und Böse. Vorrede. 1886

... ich erkannte Sokrates und Plato als Verfalls-Symptome, als Werkzeuge der griechischen Auflösung, als pseudogriechisch, als antigriechisch ...

Das Problem des Sokrates, 2

Daß der Platonische Dialog, diese entsetzlich selbstgefällige und kindliche Art Dialektik, als Reiz wirken könne, dazu muß man nie gute Franzosen gelesen haben – Fontenelle zum Beispiel. Plato ist langweilig. – Zuletzt geht mein Mißtrauen bei Plato in die Tiefe: ich finde ihn so abgeirrt von allen Grundinstinkten der Hellenen, so vermoralisiert, so präexistent-christlich – er hat bereits den Begriff «gut» als obersten Begriff –, daß ich von dem ganzen Phänomen Plato eher das harte Wort «höherer Schwindel» oder, wenn man's lieber hört, Idealismus – als irgendein andres gebrauchen möchte.

Götzen-Dämmerung. Was ich den Alten verdanke, 2

Bei Plato, als einem Menschen der überreizbaren Sinnlichkeit und Schwärmerei, ist der Zauber des Begriffs so groß gewesen, daß er unwillkürlich den Begriff als eine Idealform verehrte und vergötterte. Dialektik-Trunkenheit: als das Bewußtsein, mit ihr eine Herrschaft über sich auszuüben – – als Werkzeug des Machtwillens.

Aus dem Nachlaß der Achtzigerjahre

Die Fälschung alles Tatsächlichen durch Moral steht da in vollster Pracht; erbärmliche Psychologie; der Philosoph auf den «Landpfarrer» reduziert. – Und an allem ist Plato schuld! er bleibt das größte Malheur Europas! –

An Franz Overbeck. Nizza, 9. 1. 1887

Sigmund Freud

... so mögen alle, die von ihrem höheren Standpunkt verächtlich auf die Psychoanalyse herabschauen, sich erinnern lassen, wie nahe die erweiterte Sexualität der Psychoanalyse mit dem Eros des göttlichen Plato zusammentrifft.

Drei Abhandlungen zur Sexualtheorie. Vorwort zur 4. Aufl. 1920 (Ges. Werke. London 1942, Bd. 5, S. 32)

Alfred North Whitehead

Ich würde sagen, es ist die treffendste Charakterisierung der philosophischen Tradition Europas, daß sie aus einer Reihe von Fußnoten zu Platon besteht. Damit meine ich aber nicht jene systematischen Gedankengebäude, die seine Schüler mit bedenklichem Eifer aus seinen Schriften abgeleitet haben; sondern ich denke an die Fülle fundamentaler Gedanken, die überall bei ihm zu finden sind.

Process and Reality. New York 1929. S. 63

Martin Heidegger

1) Seit Platon wird das Denken über das Sein des Seienden-«Philosophie», weil es ein Aufblicken zu den «Ideen» ist. Die erst mit Platon beginnende «Philosophie» aber hat fortan den Charakter dessen, was später «Metaphysik» heißt. Die Grundgestalt der Metaphysik macht Platon selbst in der Geschichte anschaulich, die das Höhlengleichnis erzählt. Ja sogar das Wort «Metaphysik» ist in Platons Darstellung schon vorgeprägt ... (516 c, 3)

2) Platons Lehre von der «Wahrheit» ist daher nichts Vergangenes. Sie ist geschichtliche «Gegenwart», dies aber nicht nur als historisch nachgerechnete «Nachwirkung» eines Lehrstückes, auch nicht als Wiedererweckung, auch nicht als Nachahmung des Altertums, auch nicht als bloße Bewahrung des Überkommenen. Jener Wandel des Wesens der Wahrheit ist gegenwärtig als die längst gefestigte und daher noch unverrückte, alles durchherrschende Grundwirklichkeit der in ihre neueste Neuzeit anrollenden Weltgeschichte des Erdballs.

Platons Lehre von der Wahrheit. Bern 1947. S. 48; 50

QUELLENNACHWEIS DER ABBILDUNGEN

Arndt-Bruckmann, Griechische und römische Portraits (München 1891): 6, 60, 128 / E. Kirsten: 8, 27, 28, 43 / J. Charbonneaux, Aspects de la Grèce (Paris 1955): 9, 66 / R. Lullies, Griechische Plastik (München 1956): 10 / Rowohlt Archiv: 13, 53, 63, 83 / Archäologisches Seminar der Universität Hamburg: 14, 17, 24, 25, 32, 46/47, 58, 72, 73, 84, 85, 90, 92, 93, 94, 95, 96, 101, 102, 103, 104/105, 107, 108, 110/111, 117, 126 / H. A. Harris, Greek Athlets and Athletics (London 1964): 15 / G. Richter, The Portraits of the Greeks (London 1965): 21, 54, 75, 87, 99, 112, 132, 135 / Franke-Hirmer, Die griechische Münze (München 1964): 29, 33, 80, 81, 118 / K. Helbig, Sizilien (Wiesbaden 1956): 31, 36 / F. Krischen, Die Griechische Stadt (Berlin 1938): 30 / C. Torr, Ancient Ships (Chicago 1964): 34, 68/69 / Gottfried Martin: 40, 82, 89 / Aus: Athens Annals of Archaeology (Athen 1968): 41 / Exploration Archéologique de Delos III (Paris 1910): 49 / Archiv für Kunst und Geschichte, Berlin: 65, 121, 123, 124; 87 u. (Sammlung Historia-Photo) / A. Hekler, Bildnisse berühmter Griechen (Mainz 1962): 74 / K. Schefold, Die Bildnisse der antiken Dichter, Redner und Denker (Basel 1943): 79 / H. v. Heintze, Das Bildnis der Sappho (Mainz 1966): 88 / W. Schubart, Das Buch bei den Griechen und Römern (Berlin 1921): 97

BIBLIOGRAPHIE

1. Bibliographien und andere Hilfsmittel

L'Année Philologique, begründet von Marouzeau. Paris 1928 f (ab Jahrgang 1924)

Über die frühere Literatur geben Auskunft:

Bibliographie de l'Antiquité Classique (1896–1914). Paris 1951

Dix années de Bibliographie Classique (1914–1924). Paris 1928

Bibliographie de la Philosophie. Paris 1937 f

Revue philosophique de Louvain. Louvain 1946 f

Bibliographia Philosophica 1934–1945. Hg. von G. A. de Brie. 2 Bde. Brüssel 1950 – Antwerpen 1954 (Plato: Bd. I, S. 45–65)

Manuel de Bibliographie philosophique. Hg. von G. Varet. 2 Bde. Paris 1956 (Platon et le Platonisme: Bd. I, S. 86–117)

Ritter, C.: Bericht über die in den letzten Jahrzehnten über Platon erschienenen Arbeiten. In: Jahresberichte über die Fortschritte der klassischen Altertumswissenschaften, begründet von Bursian. Bd. 187 (1921), S. 1–227; Bd. 191 (1923), S. 79–305; Bd. 195 (1924), S. 1–94; Bd. 220 (1929), S. 37–108; Bd. 225 (1930), S. 121–168

Gigon, O.: Antike Philosophie. In: Bibliographische Einführungen in das Studium der Philosophie. Hg. von Bochenski. Bd. I. H. 5. Bern 1948

Gigon, O.: Platon. Ebd. Bd. II. H. 12. Bern 1951

Cherniss, H.: Plato 1950–1957. In: Lustrum. Göttingen 1960/61. Bd. 4/5. S. 1–648

Vgl. auch E. M. Manasse: Bücher über Platon. Tübingen 1957

Philosophiegeschichten:

Zeller, E.: Die Philosophie der Griechen in ihrer geschichtlichen Entwicklung. 6 Bde. 4.–7. Aufl. Leipzig 1920–1923

Windelband, W.: Geschichte der abendländischen Philosophie im Altertum. Handbuch der Altertumswisenschaft V, 1, 1. München ^{4}1923

Überweg, F., und K. Praechter: Die Philosophie des Altertums. Überwegs Grundriß der Geschichte der Philosophie. Berlin ^{12}1926. Bd. I

Siehe auch A. Lesky: Geschichte der griechischen Literatur. Bern–München ^{2}1963. S. 549–592 (Mit bibliographischen Angaben)

Artikel:

Leisegang, H.: Platon. In: Pauly-Wissowas Realenzyklopädie. Stuttgart 1950. Bd. XX, 2, Sp. 2342–2537

Gigon, O.: Platon. In: Lexikon der Alten Welt. Zürich–Stuttgart 1965. Sp. 2365–2371

Lexica:

Ast, F.: Lexicon Platonicum. 2 Bde. Leipzig 1835/36

Stockhammer, M.: Plato Dictionary. London 1963

2. *Gesamtausgaben: Text, Kommentare, Übersetzungen*

(Kommentierte Einzelausgaben siehe unter Abschnitt 4.)

Als Text kommt in erster Linie in Frage:

Platonis opera. Ed. J. BURNET. 5 Bde. Oxford 1899–1907 (mehrfache Neudrucke); ferner

Platon, Œuvres complètes. 13 Bde. Paris 1949 (griechisch-französisch)

Die antiken Scholien zu Platon enthält der 6. Band der Teubnerausgabe:

Platonis opera omnia. Ed. C. F. HERMANN. Leipzig 1856 f (Neudrucke 1921 bis 1936)

Zu den antiken Erklärungsschriften siehe auch im besonderen:

GIGON, O.: Platon (Bibliographische Einführung in das Studium der Philosophie 12). Bern 1951. S. 15

GAUSS, H.: Philosophischer Handkommentar zu den Dialogen Platos. 6 Bde. Bern 1952–1961

Die (nicht ganz vollständige) Übersetzung von FR. SCHLEIERMACHER (1804 bis 1810) findet man mit Übersetzungen von HIERONYMUS MÜLLER in:

Platon. Sämtliche Werke. Hg. von W. F. OTTO u. a. 6 Bde. Hamburg 1957 f (Rowohlts Klassiker der Literatur und der Wissenschaft. 1/1a. 14/14a. 27/27a. 39/39a. 47/47a. 54/54a)

Platons sämtliche Werke. Übersetzt von HIERONYMUS MÜLLER. 9 Bde. Leipzig 1850 f

Übersetzungen vor allem von O. APELT in Meiners Philosophischer Bibliothek. Leipzig 1911 f (z. T. neu aufgelegt)

Verschiedene Übersetzer in: Platon, Sämtliche Werke. 2 Bde. Berlin und Heidelberg o. J.

Übersetzungen von R. RUFENER im Artemis-Verlag. 5 Bde. Zürich 1948–1965

3. *Allgemeine Darstellungen*

BARTH, H.: Eidos und Psyche in der Lebensphilosophie Platons. Tübingen 1932

BÖHME, R.: Von Sokrates zur Ideenlehre. Bern 1959

BRÖCKER, W.: Platos Gespräche. Frankfurt a. M. 1964

BROMMER, P.: Eidos et Idea. Étude sémantique et chronologique des œuvres de Platon. Assen 1940

BURNET, J.: Greek Philosophy I. Thales to Plato. London (1914) [8]1950

BURNET, J.: Platonism. Berkeley 1928

CROMBIE, I. M.: An Examination of Plato's Doctrines. 2 Bde. London 1962/63

CROMBIE, I. M.: Plato, the Midwife's Apprentice. London 1964

CUSHMAN, R. E.: Therapeia. Plato's Conception of Philosophy. Chapel Hill 1958

DERBOLAV, J.: Erkenntnis und Entscheidung. Philosophie der geistigen Aneignung in ihrem Ursprung bei Platon. Wien–Stuttgart 1954

DIÈS, A.: Autour de Platon. Paris 1927

FESTUGIÈRE, A. J.: Contemplation et vie contemplative selon Platon. Paris (1936) [2]1950

FIELD, G. C.: Plato and his Contemporaries. London 1930

FIELD, G. C.: The Philosophy of Plato. Oxford 1949 (Deutsch: Stuttgart 1952)

FRAZER, J. G.: The Growth of Plato's Ideal Theory. London 1930

FRIEDLÄNDER, P.: Platon. 3 Bde. 2. Aufl. Berlin 1954, 1957, 1960

GAUSS, H.: Plato's Conception of Philosophy. London 1937

Goldschmidt, V.: Les dialogues de Platon. Structure et méthode dialectique. Paris 1947
Gomperz, T.: Griechische Denker. 3 Bde. Berlin–Leipzig (1895–1909) 41922–1931 (Platon: II, S. 197–521)
Gouldner, A.: Enter Plato. London 1967
Grube, A.: Plato's Thought. London (1935) 21958
Harder, R.: Plato und Athen. In: Neue Jahrbücher 10 (1934), S. 492 f
Hermann, H.: Geschichte und System der Platonischen Philosophie. Heidelberg 1839
Hiestand, M.: Das sokratische Nichtwissen in Platons ersten Dialogen. Zürich 1923
Hildebrandt, K.: Platon. Berlin 1933
Hoffmann, E.: Platon. Zürich 1950 – Neuausg.: Reinbek 1961 (rowohlts deutsche enzyklopädie. 142)
Horneffer, E.: Der junge Platon. Gießen 1922
Howald, E.: Platons Leben. Zürich 1923
Jaeger, W.: Paideia. 3 Bde. Berlin–Leipzig 1934, 1944, 1947 (Platon wird ausführlich im 2. und 3. Bd. behandelt)
Liebrucks, B.: Platons Entwicklung zur Dialektik. Frankfurt a. M. 1949
Lodge, R. C.: The Philosophy of Plato. London 1956
More, P. E.: Platonism. Princeton 1917
Mueller, G. E.: Plato, the Founder of Philosophy as Dialectic. New York 1965
Natorp, P.: Platos Ideenlehre. Leipzig (1903) 21921 – Nachdruck: Darmstadt 1961
Pohlenz, M.: Aus Platos Werdezeit. Berlin 1913
Raeder, H.: Platons philosophische Entwickelung. Leipzig 1905
Ritter, C.: Platon. 2 Bde. München 1910–1923
Ritter, C.: Die Kerngedanken der Platonischen Philosophie. München 1931
Robin, L.: Platon. Paris 1935
Rodis-Lewis, G.: Platon. Paris 1965
Ross, D.: Plato's Theory of Ideas. Oxford 1951
Ryle, G.: Plato's Progress. Cambridge 1966
Schaerer, R.: La question platonicienne. Paris 1938
Schilling, K.: Platon. Einführung in seine Philosophie. Wurzach 1948
Schuhl, P. M.: L'œuvre de Platon. Paris 1954
Shorey, P.: The Unity of Plato's Tought. Chicago (1903) 21960
Shorey, P.: What Plato said. Chicago–London (1933) 61965
Singer, K.: Platon der Gründer. München 1927
Sløk, J.: Platon. Kopenhagen 1964
Stefanini, L.: Platone. 2 Bde. Padua 21949
Stenzel, J.: Platon der Erzieher. Leipzig 1928
Stenzel, J.: Metaphysik des Altertums. In: Handbuch der Philosophie. Hg. von Baeumler und Schröter. München–Berlin 1929. Bd. I
Stockhammer, M.: Platons Weltanschauung. Köln 1962
Taylor, A. E.: Plato. London (1926) 81955
Versényi, L.: Socratic Humanism. New Haven–London 1963
Wichmann, O.: Platon. Darmstadt 1966
Wilamowitz-Moellendorff, U. von: Platon. 2 Bde. Berlin 1919 (Bd. I: Berlin–Frankfurt a. M. 51959)
Windelband, W.: Platon. Stuttgart 61921
Winspear, A. D.: The Genesis of Plato's Thought. New York 21956
Wolff, H. M.: Plato. Bern 1957
Wundt, M.: Platos Leben und sein Werk. Jena 1924

4. Untersuchungen

Eingehendere Bibliographien zu den einzelnen Dialogen sind am leichtesten zugänglich in der oben angeführten Platon-Ausgabe bei Rowohlts Klassikern und bei E. Hoffmann: Platon. Reinbek 1961 (rowohlts deutsche enzyklopädie. 142). – Die wichtigsten Titel wurden in das folgende Verzeichnis aufgenommen.

Adam, J.: The Republic of Plato. 2 Bde. Cambridge (1902) ²1963

Altenburg, M.: Die Methode der Hypothesis bei Platon, Aristoteles und Proklus. Marburg 1905

Andreae, W.: Die philosophischen Probleme in den Platonischen Briefen. In: Philol. N. F. XXXII, 1923, S. 34 f

Andrée, G.: Der Aufbau und die literarische Bedeutung der platonischen Apologie. Freiburg i. B. 1923 [Diss.]

Apelt, O.: Untersuchungen über den Parmenides des Plato. Weimar 1879

Apelt, O.: Platonische Aufsätze. Berlin–Leipzig 1912

Baer, E.: Die historischen Angaben der Platonbriefe 7 und 8 im Urteil der modernen Forschung seit Ed. Meyer. Berlin 1957 [Diss.]

Ballauff, T.: Die Idee der Paideia. Meisenheim 1952

Barker, E.: Greek Political Theory. Bungay (Suffolk) (1918) ⁵1964

Barth, H.: Die Seele in der Philosophie Platons. Tübingen 1921

Becker, O.: Versuch einer neuen Interpretation der platonischen Idealzahlen. In: Archiv für Geschichte der Philosophie, Bd. 45 (1963), S. 119 f

Berger, H.: Ousia in de Dialogen van Plato. Leiden 1961

Bluck, R. S.: Plato's Phaedo (Transl. with Introd., Notes and Append.). London 1955

Bluck, R. S.: Plato's Meno (ed. with Introd. and Comm.). Cambridge 1961

Boehringer, R.: Platonische Bildnisse und Nachweise. Breslau 1935

Bonitz, H.: Platonische Studien. Berlin ³1866

Boussoulas, N. I.: L'être et la composition des mixtes dans le Philèbe de Platon. Paris 1952

Breitenbach, H.: Platon und Dion. Zürich 1960

Bröcker, W.: Der philosophische Exkurs in Platos siebtem Brief. In: Hermes 91 (1963), S. 416 f

Brumbaugh, R. S.: Plato's Mathematical Imagination. Bloomington 1954

Brun, J.: Platon et l'Académie. Paris 1960

Buchner, H.: Eros und Sein. Erörterungen zu Platons Symposion. Bonn 1965

Büchner, K.: Platons Kratylos und die moderne Sprachphilosophie. Berlin 1936

Buisman, J. R.: Der philosophische Hintergrund des platonischen Höhlengleichnisses. In: Mnemosyne III, 7 (1939), S. 49–62

Burnet, J.: Plato's Phaedo (ed. with Introd. and Notes). Oxford (1911) ⁸1959

Calogero, G.: Studi sull' Eleatismo. Rom 1932

Cassirer, E.: Eidos und Eidolon. Vortr. der Bibl. Warburg 1922/23, T. 1, S. 1–27

Cherniss, H.: Parmenides and the «Parmenides» of Plato. In: Amer. Journ. of Philol. LIII (1932), S. 122–138

Classen, J.: Sprachliche Deutung als Triebkraft platonischen und sokratischen Philosophierens. München 1959

Cohen, H.: Platos Ideenlehre und die Mathematik. Marburg 1879

Collingwood, R. G.: Plato's Philosophy of Art. In: Mind 1925, S. 244 f

Cornford, F. M.: Plato's Theory of Knowledge. London (1935) ⁵1957

Cornford, F. M.: Plato's Cosmology. London (1937) ³1952
Cornford, F. M.: Plato and Parmenides. London (1939) ⁴1958
Cornford, F. M.: The Republic of Plato (Transl. with Introd. and Notes). Oxford (1941) ⁹1961
Cornford, F. M.: The unwritten Philosophy. Cambridge (1950) ²1967
Cross, R. C., und A. D. Woozley: Plato's Republic. A Philosophical Commentary. New York–London 1964
Demel, S.: Platons Verhältnis zur Mathematik. Leipzig 1929
Derbolav, J.: Der Dialog Kratylos im Rahmen der platonischen Sprach- und Erkenntnisphilosophie. Saarbrücken 1953
Diès, A.: La definition de l'être et la nature des idées dans le Sophiste de Platon. Paris ²1932
Diesendruck, Z.: Struktur und Charakter des Platonischen Phaidros. Wien–Leipzig 1927
Diller, H.: Probleme des platonischen Ion. In: Hermes 83 (1955), S. 171 f
Dirlmeier, F.: Phaidon (Übersetzung und Kommentar). München 1949
Dodds, E. R.: Plato, Gorgias (Text with Introd. and Comm.). Oxford 1959
Dümmler, F.: Akademika. Gießen 1889
Edelstein, L.: Plato's Seventh Letter. Leiden 1966
Elkan, H.: Zur Problemgeschichte der platonischen Dialektik. Freiburg i. B. 1927 [Diss.]
England, E. B.: The Laws of Plato. 2 Bde. Manchester 1921
Flashar, H.: Der Dialog Ion als Zeugnis Platonischer Philosophie. Berlin 1958
Frank, E.: Plato und die sogenannten Pythagoreer. Halle 1923 – Nachdruck: Darmstadt 1962
Frede, M.: Prädikation und Existenzaussage; Platons Gebrauch von «ist» und «ist nicht» im Sophistes. In: Hypomn. 18 (1967)
Freymann, W.: Platos Suchen nach einer Grundlegung aller Philosophie. Leipzig 1930
Fritz, K. von: Plato, Theaetet und die antike Mathematik. In: Philol. 87 (1932), S. 40–62, 136–178
Fritz, K. von: Philosophie und sprachlicher Ausdruck bei Demokrit, Plato und Aristoteles. Leipzig–New York 1938
Gadamer, H. G.: Platos dialektische Ethik. Leipzig 1931
Gadamer, H. G.: Plato und die Dichter. Frankfurt a. M. 1934
Gadamer, H. G.: Dialektik und Sophistik im siebenten platonischen Brief. Sitzungs-Berichte der Heidelberger Akademie der Wissenschaften 1964, 2. Abhandlung
Gaiser, K.: Protreptik und Paränese bei Platon. Stuttgart 1959
Gaiser, K.: Platon und die Geschichte. Stuttgart 1961
Gaiser, K.: Platons ungeschriebene Lehre. Stuttgart 1963
Gigon, O.: Studien zu Platons Protagoras. In: Phyllobolia für P. von der Mühll. Basel 1945. S. 91–152
Gomperz, H.: Platons Selbstbiographie. Berlin–Leipzig 1928
Görgemanns, H.: Beiträge zur Interpretation von Platons Nomoi. München 1960
Gould, J.: The Development of Plato's Ethics. Cambridge 1955
Gould, T.: Platonic Love. London 1963
Graf, G.: Die sokratische Aporie im Denken Platos. Winterthur 1963
Grassi, E.: Il problema della metafisica platonica. Bari 1932
Guardini, R.: Der Tod des Sokrates. Berlin 1943 – Neuausg.: Hamburg 1956 (rowohlts deutsche enzyklopädie. 27)
Gulley, N.: Plato's Theory of Knowledge. London 1962

HAAG, E.: Platons Kratylos. Stuttgart 1933
HACKFORTH, R.: The Composition of Plato's Apology. Cambridge 1933
HACKFORTH, R.: Plato's Examination of Pleasure. A Transl. of the Philebus with Introd. and Comm. Cambridge (1945) ²1958
HAGER, F. P.: Die Vernunft und das Problem des Bösen im Rahmen der platonischen Ethik und Methaphysik. In: Noctes Romanae 10. Bern 1963
HALL, R. W.: Plato and the Individual. Den Haag 1963
HAMMER-JENSEN, I.: Demokrit und Platon. In: Archiv für Geschichte der Philosophie 1910, S. 92 f, 211 f
HARDER, R.: Platos Kriton. Berlin 1934
HARTMANN, N.: Platos Logik des Seins. Gießen 1909; Berlin ²1965
HARTMANN, N.: Das Problem des Apriorismus in der platonischen Philosophie. In: Sitzungs-Berichte der Preußischen Akademie der Wissenschaften, Philosophisch-historische Klasse. Berlin 1935. S. 223 f
HARTMANN, N.: Zur Lehre von Eidos bei Plato und Aristoteles. Abhandlung der Preußischen Akademie der Wissenschaften 1941, n. 8
HEINTZ, G.: Das Bild des Tyrannen bei Platon. Stuttgart 1927
HERTER, H.: Altes und Neues zu Platons Kritias. In: Rhein. Mus. 1944, S. 236 f
HERTER, H.: Platons Akademie. Bonn (1946) ²1952
HIRSCHBERGER, J.: Die Phronesis in der Philosophie Platons vor dem Staate. In: Philol. Suppl. Bd. 25, 1 (1932)
HOEFLICH, E.: Die Prinzipienlehre des platonischen Dialogs Parmenides. München 1954 [Diss.]
HOFFMANN, E.: Methexis und Metaxy bei Platon. Jahresbericht des philologischen Vereins zu Berlin 1919. S. 48 f
HOFFMANN, E.: Platons Höhlengleichnis. In: Archiv für Geschichte der Philosophie 1931, S. 47 f
HOFFMANN, E.: Über Platons Symposion. Heidelberg 1947
HORN, F.: Platonstudien. Wien 1904
HOWALD, E.: Die Briefe Platons. Zürich 1923
HOWALD, E.: Die echten Briefe Platons (Text und Übersetzung). Zürich 1951
HUBER, C.: Anamnesis bei Plato. München 1964
HUBER, G.: Platons dialektische Ideenlehre nach dem zweiten Teil des Parmenides. Basel 1951 [DISS.]
IOANNOU, P.: Die Erfahrung in Platons Ideenlehre. München 1936
JACHMANN, G.: Der Platontext. Göttingen 1942
JÄGER, G.: «Nus» in Platons Dialogen. In: Hypomn. 17 (1967)
JANSEN, B.: Das Wesen und die Stellung Gottes in der Philosophie Platos. In: Gregorianum 1932, S. 109–123
JOWETT, B., und L. CAMPBELL: Plato's Republic. 3 Bde. (Text, Essays, Notes). Oxford 1894
JUSTI, K.: Die ästhetischen Elemente in der platonischen Philosophie. Marburg 1860
KAMLAH, W.: Platons Selbstkritik im Sophistes. In: Zetemata 33 (1963)
KAPP, E.: Platon und die Akademie. In: Mnemosyne 4 (1936/37), S. 227 f
KAPP, E.: Theorie und Praxis bei Aristoteles und Platon. In: Mnemosyne III, 6 (1938), S. 179–194 – Wiederabdr. in: Kapp, Ausgewählte Schriften. Berlin 1968. S. 167 f
KERSCHENSTEINER, J.: Platon und der Orient. Stuttgart 1945
KIENZL, P.: Die Theorie der Liebe und der Freundschaft bei Platon. Wien 1941 [Diss.]
KLEIN, J.: A Commentary on Plato's Meno. Chapel Hill 1965
KRÄMER, H. P.: Arete bei Platon und Aristoteles. Heidelberg 1959

Krüger, G.: Einsicht und Leidenschaft. Das Wesen des platonischen Denkens. Frankfurt a. M. (1938) ²1948 (über das Symposion)
Kucharski, P.: Les chemins du savoir dans les derniers dialogues de Platon. Paris 1949
Landheer, B.: Der Gesellschafts- und Staatsbegriff Platons. Rotterdam 1939
Leky, M.: Plato als Sprachphilosoph. Paderborn 1919
Liebrucks, B.: Zur Dialektik des Einen und Seienden in Platons Parmenides. In: Zeitschrift für philosophische Forschung II (1947), S. 244 f
Lodge, R. C.: Plato's Theory of Ethics. London (1928) ²1950
Lodge, R. C.: Plato's Theory of Education. London 1947
Lodge, R. C.: Plato's Theory of Art. London 1953
Loenen, J.: De Nous in het Systeem van Platos Philosophie. Amsterdam 1951
Loewenclau, I. von: Der platonische Menexenos. In: Tübinger Beiträge zur Altertumswissenschaft 41 (1961)
Loriaux, R.: L'être et la forme selon Platon. In: Museum Lessianum 1955
Luccioni, J.: La pensée politique de Platon. Paris 1958
Lynch, W.: An Approach to the Metaphysics of Plato through the Parmenides. Georgetown 1959
Manasse, E. M.: Über Wahrheit in Platons Sophistes. Heidelberg 1936 [Diss.]
Manasse, E. M.: Platons Sophistes und Politikos. Berlin 1937
Manno, A.: Il Teismo di Platone. Neapel 1955
Marcuse, L.: Der Philosoph und der Diktator, Plato und Dionys. Berlin 1950
Marten, R.: Ousia im Denken Platons. Meisenheim 1962
Marten, R.: Der Logos der Dialektik. Eine Theorie zu Platons Sophistes. Berlin 1965
Martin, G.: Methodische Probleme der Metaphysik der Zahl. In: Stud. Gen. VI (1953), S. 610 f
Martin, G.: Platons Lehre von der Zahl und ihre Darstellung durch Aristoteles. In: Zeitschrift für philosophische Forschung VII (1953), S. 191–203
Martin, G.: Klassische Ontologie der Zahl. In: Kant-Studien, Erg.-H. 70 (1956)
Martin, G.: Einleitung in die allgemeine Metaphysik. Stuttgart 1965
Martin, G.: Das metaphysische Problem der Ideenlehre Platons. In: Kant-Studien 53, Heft 4 (1961/62), S. 411 f
Meyer, T.: Platons Apologie. Stuttgart 1962
Mittelstrass, J.: Die Rettung der Phänomene. Berlin 1962
More, P. E.: The Religion of Plato. Princeton 1921
Moreau, J.: Réalisme et idéalisme chez Platon. Paris 1951
Morin, H.: Der Begriff des Lebens im Timaios Platons unter Berücksichtigung seiner früheren Philosophie. Uppsala 1965
Morrow, G.: Plato's Cretan City. A Historical Interpretation of the Laws. Princeton 1960
Mugler, Ch.: La physique de Platon. Paris 1960
Müller, G.: Studien zu den Platonischen Nomoi. München 1951
Müri, W.: Das Wort Dialektik bei Platon. In: Mus. Helvet. 1944, S. 152 f
Murphy, N. R.: The Interpretation of Plato's Republic. Oxford (1951) ²1960
Nestle, W.: Platons Protagoras. Leipzig ⁷1931
Nettleship, R.: Lectures on the Republic of Plato. London 1958
Oehler, K.: Die Lehre vom noetischen und dianoetischen Denken bei Platon und Aristoteles. München 1962
Olerud, A.: L'idée de macrocosmos et de microcosmos dans le Timée de Platon. Uppsala 1951

OVINK, B.: Philosophische Erklärung der Dialoge Meno und Hippias minor. Amsterdam 1931
PALAS, R.: Die Bewertung der Sinnenwelt bei Platon. Helsinki 1941
PANOFSKY, E.: Idea. In: Studien der Bibl. Warburg 5. Leipzig–Berlin 1924
PEIPERS, D.: Die Erkenntnistheorie Platons. Leipzig 1874
PERLS, H.: Plato. Seine Auffassung vom Kosmos. Berlin–München 1966
PFEIL, H.: Das platonische Menschenbild. Aschaffenburg 1963
PIEPER, J.: Begeisterung und Göttlicher Wahnsinn. Über den platonischen Dialog Phaidros. München 1962
PRAUSS, G.: Platon und der logische Eleatismus. Berlin 1966
PREISWERK, A.: Das Einzelne bei Platon und Aristoteles. Philol. Suppl.-Bd. XXXII, 1, 1939
RABBOW, P.: Paidagogia. Göttingen 1960
RANKIN, H. D.: Plato and the Individual. London 1964
RAVEN, J. E.: Plato's Thought in the Making. Cambridge 1965
REICH, K.: Platon über die Frömmigkeit. Krefeld 1948 (Euthyphron)
REINHARDT, K.: Platons Mythen. Bonn 1927
RICHTER, L.: Zur Wissenschaftslehre von der Musik bei Platon und Aristoteles. Berlin 1961
RITTER, C.: Neue Untersuchungen über Platon. München 1910
RITTER, C.: Platons Stellung zu den Aufgaben der Naturwissenschaft. Sitzungs-Berichte der Heidelberger Akademie der Wissenschaften, Philosophisch-historische Klasse, 19. Abhandlung 1919
ROBIN, L.: Les rapports de l'être et de la connaissance d'après Platon. Paris 1957
ROBINSON, R.: Plato's earlier Dialectic. Ithaca/N. Y. 1941; Oxford ²1953
ROHR, G.: Platons Stellung zur Geschichte. Berlin 1932
RYLE, G.: Dialectic in the Academy. In: New Essays on Plato and Aristoteles 1965, S. 39 f
RYLE, G.: Plato's Parmenides (1939). In: Studies in Plato's Metaphysics. London 1965. S. 97 f
SACHS, E.: Die fünf platonischen Körper. Berlin 1917
SALIN, E.: Platon und die griechische Utopie. München–Leipzig 1921
SANDULESCU-GODENI, C.: Das Verhältnis von Rationalität und Irrationalität in der Philosophie Platons. Berlin 1938
SCHAERER, R.: Dieu, l'homme et la vie d'après Platon. Neuchâtel 1944
SCHNEIDEWIN, W.: Platons zweiter Hippiasdialog. Paderborn 1936
SCHNEIDEWIN, W.: Das sittliche Bewußtsein. Eine Gorgiasanalyse. Paderborn 1937
SCHUHL, P. M.: Platon et l'art de son temps. Paris 1952
SCHUHL, P. M.: Études platoniciennes. Paris 1960
SCHULZ, D. J.: Das Problem der Materie in Platons Timaios. Bonn 1964 [Diss.]
SHOREY, P.: Plato's Republic. 2 Bde. New York 1930; London 1935
SKEMP, J. B.: The Theory of Motion in Plato's later Dialogues. Cambridge 1942; Amsterdam ²1967
SKEMP, J. B.: Plato's Statesman. London 1952
SOLMSEN, F.: Platos Einfluß auf die Bildung der mathematischen Methode. In: Quellen und Studien zur Geschichte der Mathematik. Berlin 1929. Bd. I, 1. S. 93 f
SOLMSEN, F.: Plato's Theology. Ithaca/N. Y. 1942
SORETH, M.: Der platonische Dialog Hippias maior. Marburg 1953 [Diss.]
SPEISER, A.: Ein Parmenides-Kommentar. Leipzig 1937; Stuttgart ²1959
SPRAGUE, R.: Plato's Use of Fallacy. London 1962

SPRUTE, J.: Der Begriff der Doxa in der platonischen Philosophie. In: Hypomn. 2 (1962)
STEIDLE, W.: Der Dialog Laches und Platons Verhältnis zu Athen in den Frühdialogen. In: Mus. Helv. 7 (1950), S. 129 f
STENZEL, J.: Studien zur Entwicklung der platonischen Dialektik von Sokrates zu Aristoteles. Leipzig–Berlin (1917) ²1931 – Nachdruck: Darmstadt 1961
STENZEL, J.: Zahl und Gestalt bei Platon und Aristoteles. Leipzig–Berlin 1924; Bad Homburg ³1959
STENZEL, J.: Kleine Schriften zur griechischen Philosophie. Darmstadt (1956) ³1966
STEWART, J. A.: Plato's Doctrine of Ideas. Oxford 1909
STÖCKLEIN, P.: Über die philosophische Bedeutung von Platons Mythen. In: Philol. Suppl. Bd. XXX, 3. Leipzig 1937
STROISCH, F.: Über die weltanschaulichen Grundlagen der Gerechtigkeitsidee bei Platon. Kiel 1940
STUMPF, K.: Verhältnis des Platonischen Gottes zur Idee des Guten. Halle 1869
TAYLOR, A. E.: A Commentary on Plato's Timaeus. Oxford 1928
TAYLOR, A. E.: The Polytheism of Plato. In: Mind 1938, S. 180 f
TOEPLITZ, O.: Das Verhältnis von Mathematik und Ideenlehre bei Platon. In: Quellen und Studien zur Geschichte der Mathematik. Berlin 1929. Bd. I, 1. S. 3 f
TUCKEY, T.: Plato's Charmides. Cambridge 1951
TUMARKIN, A.: Die Einheit des platonischen Phaedrus. In: Neue Jahrbücher 1 (1925), S. 17 f
TUMARKIN, A.: Der Unsterblichkeitsgedanke in Platos Phaedo. In: Rhein. Mus. 1926, S. 58 f
VANHOUTTE, M.: La philosophie politique de Platon dans les Lois. Louvain 1954
VANHOUTTE, M.: La méthode ontologique de Platon. Louvain–Paris 1956
VERDENIUS, W. J.: Mimesis. In: Philosophia Antiqua 3. Leiden 1949
VERING, C.: Platos Gesetze. Die Erziehung zum Staate. Frankfurt a. M. 1926
VICAIRE, P.: Platon. Critique littéraire. Paris 1960
VOGEL, C. J. DE: Problems concerning later Platonism. In: Mnemosyne IV, 2 (1949), S. 197–216, 299–318
VOIGTLÄNDER, H. D.: Die Lust und das Gute bei Platon. Würzburg 1960
WAGNER, H.: Die Eigenart der Ideenlehre in Platos Phaedo. In: Kant-Studien 57 (1966), S. 5 f
WARRY, J. G.: Greek Aesthetic Theory. London 1962
WEDBERG, A.: Plato's Philosophy of Mathematics. Stockholm 1955
WILAMOWITZ-MOELLENDORFF, U. VON: Der griechische und der platonische Staatsgedanke. Berlin 1919
WILD, J.: Plato's Theory of Man. Cambridge 1947
WILI, W.: Versuch einer Grundlegung der platonischen Mythopoiie. Zürich 1925
WILPERT, P.: Neue Fragmente aus Peri t'agathu. In: Hermes 1941, S. 255 f
WOLF, E.: Platon. Frühdialoge und Politeia. In: Griechisches Rechtsdenken IV, 1 (1968)
WUNDT, M.: Platos Parmenides. Stuttgart 1935
ZEISE, H.: Der Staatsmann. Heidelberg 1938 [Diss.]

5. Zur Wirkungsgeschichte

ACHENBACH, W.: Die platonische und plotinische Geschichtsphilosophie als Fundament der mittelalterlichen. München 1930 [Diss.]

BAEUMKER, C.: Der Platonismus im Mittelalter. Sitzungs-Berichte der Bayrischen Akademie der Wissenschaften. München 1916

BECKER, D.: Das philosophische System Platos in seiner Beziehung zum christlichen Dogma. Freiburg i. B. 1862

BURNET, J.: Platonism. Berkeley 1928

BUSSEL, F. W.: The School of Plato. London 1896

CASSIRER, E.: Die Antike und die Entstehung der exakten Wissenschaft. In: Die Antike 8 (1932), S. 276–300

CASSIRER, E.: Die platonische Renaissance in England und die Schule von Cambridge. In: Studien der Bibl. Warburg 24. Leipzig–Berlin 1932

CHERNISS, H. E.: Aristotle's Criticism of Plato and the Academy. New York (1944) ²1962

CHERNISS, H. E.: The Riddle of the Early Academy. Berkeley–Los Angeles 1945 (Deutsch: Die ältere Akademie. Heidelberg 1966)

DRESS, W.: Der Platonismus im Mittelalter und in der Renaissance. In: Theologische Blätter 9 (1930), S. 73 f

GRONAU, K.: Platos Ideenlehre im Wandel der Zeit. Braunschweig 1929

HARDER, R.: Die Einbürgerung der Philosophie in Rom. In: Die Antike 5 (1929), S. 291 f

HEIMSOETH, H.: Kant und Plato. In: Kant-Studien 56 (1965), S. 349–372

HIPPEL, E. VON: Mensch und Gemeinschaft bei Platon und Goethe. In: Goethe 6 (1941), S. 285 f

HIRSCHBERGER, J.: Platonismus und Mittelalter. In: Philosophische Jahrbücher der Görresgesellschaft 63 (1955), S. 120 f

HOFFMANN, E.: Platonismus und christliche Philosophie. Zürich 1960

HORNEFFER, E.: Der Platonismus und die Gegenwart. Erfurt ³1927

HOWALD, E.: Die platonische Akademie und die moderne Universitas Litterarum. Bern 1921

HUIT, CH.: Le platonisme au XIIᵉ siècle. In: Ann. de la philos. 1889, tom. 21

IVALDI, G.: Il Platonismo di Plotino, S. Agostino, Cartesio e Leibniz. In: Luce del pensiero 15 (1922), S. 1 f

IVÁNKA, E. VON: Die Polemik gegen Platon im Aufbau der Aristotelischen Metaphysik. In: Scholastik 9 (1934), S. 520–542

IVÁNKA, E. VON: Plato christianus. Einsiedeln 1964

KLIBANSKY, R.: The Continuity of the Platonic Tradition during the Middle Ages I. London 1950

KOCH, J.: Platonismus im Mittelalter. Krefeld 1948

KRÄMER, H. J.: Der Ursprung der Geistmetaphysik. Amsterdam 1964

LAKEBRINK, B.: Der Platonismus und die Hegelsche Metaphysik. In: Festschrift E. Heiß. Köln 1963. S. 239–251

LEISEGANG, H.: Die Platondeutung der Gegenwart. Karlsruhe 1929

MERLAN, P.: Beiträge zur Geschichte des antiken Platonismus. In: Philol. 89 (1934), S. 35–53, 197–214

MERLAN, P.: From Platonism to Neoplatonism. Den Haag 1953

MEYERHOFF, H.: On the Platonism of St. Augustine's Quaestio de ideis. In: New Scholasticism XVI (1942), S. 16–45

MÖNCH, W.: Die italienische Plato-Renaissance und ihre Bedeutung für Frankreichs Literatur und Geistesgeschichte 1450–1550. In: Romanische Studien 40. Berlin 1937

PERLS, H.: Platon et Kant. In: Congrès Descartes V (1937), S. 77 f

Ritter, C.: Platonismus und Christentum. Tübingen 1934
Robb, N. A.: Neo-Platonism of the Italian Renaissance. London 1935
Schröder, K.: Platonismus in der englischen Renaissance vor und bei Th. Eliot. In: Palaestra 83 (1920)
Seel, O.: Die platonische Akademie. Stuttgart 1953
Shorey, P.: Platonism. Ancient and Modern. Cambridge 1938
Stein, H. von: Geschichte des Platonismus. Göttingen 1862
Taylor, A. E.: Platonism and its Influence. Our debt to Greece and Rome 19. London 1925
Volkmann-Schluck, K. H.: Plotin als Interpret der Ontologie Platons. Frankfurt a. M. 1941
Walsdorff, F.: Die antiken Urteile über Platons Stil. Leipzig 1927
Wichmann, O.: Platon und Kant. Berlin 1920
Willmann, O.: Geschichte des Idealismus. 3 Bde. Braunschweig [2]1907

Nachtrag zur Bibliographie

1. Bibliographien und andere Hilfsmittel

Deschoux, Marcel: Comprendre Platon: un siècle de bibliographie platonicienne 1880–1980. Paris 1981
Gigon, Olof, u. Laila Straume-Zimmermann: Von Abbild bis Zeuxis: e. Begriffs- u. Namenlexikon zu Platon. 2. Aufl. München, Zürich 1987
Mackirahan, Richard D.: Platon and Socrates: a comprehensive bibliography 1958–1973. New York 1978
Perls, Hugo: Lexikon der platonischen Begriffe. Bern, München 1973

2. Gesamtausgaben: Texte, Kommentare, Übersetzungen

Werke in 8 Bänden. Griech. u. dt. Hg. Gunther Eigler. Darmstadt 1977
Supplementum Platonicum. D. Texte in indirekter Platon-Überlieferung in Verbindung mit d. Platon-Archiv Tübingen ... Hg. v. Konrad Gaiser. Bd. 1 ff. Stuttgart, Bad Cannstatt 1988 ff

3. Allgemeine Darstellungen

Bormann, Karl: Platon. Freiburg, München. 2. Aufl. 1987
Gundert, Hermann: Platonstudien. Amsterdam 1977
Randall, John Herman: Plato. Dramatist of the life of reason. New York 1970
Sandvoss, Ernst: Platon. Künstler, Politiker. Philosoph, Theologe. Frankfurt a. M. 1972 (Persönlichkeit und Geschichte. 66/67)
Schmalzriedt, Egidius: Platon. Der Schriftsteller und die Wahrheit. München 1969
Skemp, Joseph B.: Plato. Oxford 1976

4. Untersuchungen

Derbolav, Josef: Von den Bedingungen gerechter Herrschaft: Studien zu Platon u. Aristoteles. Stuttgart 1980
Derbolav, Josef: Platons Sprachphilosophie im Kratylos und in d. späteren Schriften. Darmstadt 1972 (Impulse der Forschung. 10)

Ebert, Theodor: Meinung und Wissen in der Philosophie Platons. Berlin 1974
Erler, Michael: Der Sinn der Aporien in den Dialogen Platons: Übungsstücke zur Anleitung im philosophischen Denken. Berlin 1987 (Untersuchungen zur antiken Literatur und Geschichte. 25)
Fleischer, Margot: Hermeneutische Anthropologie: Platon, Aristoteles. Berlin 1976
Fritz, Kurt von: Platon in Sizilien und das Problem der Philosophenherrschaft. Berlin 1968
Gadamer, Hans-Georg: Idee und Wirklichkeit in Platos Timaios. Heidelberg 1974
Gaiser, Konrad: Name und Sache in Platons ‹Kratylos›. Heidelberg 1974
Gigon, Olof: Gegenwärtigkeit und Utopie: E. Interpretation von Platons Staat. Zürich 1 ff / 1976 ff
Graeser, Andreas: Platons Ideenlehre: Sprache, Logik, Metaphysik. Bern 1975
Gundert, Hermann: Der platonische Dialog. Heidelberg 1968 (Bibliothek der klass. Altertumswissenschaften. N. F. Reihe 2, 26)
Guzzoni, Giorgio: Vom Wesensursprung der Philosophie Platons. Bonn 1975
Hägler, Rudolf-Peter: Platons «Parmenides»: Probleme d. Interpretation. Berlin 1983 (Quellen und Studien zur Philosophie. 18)
Hanke, Michael: Der maieutische Dialog. Aachen 1986
Heitsch, Ernst: Überlegungen Platons im Thaetet. Stuttgart 1988 (Abhandlungen der Geistes- u. Sozialwiss. Klasse. Akademie der Wissenschaften und der Literatur 1988, 9)
Heitsch, Ernst: Willkür und Problembewußtsein in Platons Kratylos. Stuttgart 1984
Hentschke, Ada Babette: Politik und Philosophie bei Platon und Aristoteles. Frankfurt a. M. 1971 (Frankfurter wissenschaftliche Beiträge. Kulturwiss. Reihe. 13)
Hirsch, Walter: Platons Weg zum Mythos. Berlin 1971
Ingenkamp, Heinz Gerd: Untersuchungen zu den pseudoplatonischen Definitionen. Wiesbaden 1967 (Klassisch-philologische Studien. 35)
Kelsen, Hans: Die Illusion der Gerechtigkeit: e. krit. Unters. d. Sozialphilosophie Platons. Wien 1985
Keulen, Hermann: Untersuchungen zu Platons ‹Euthydem›. Wiesbaden 1971 (Klassisch-philologische Studien. 37)
Klingenberg, Eberhard: Platons Nomoi gēorgikoi und das positive griechische Recht. Berlin 1976
Kube, Joerg: Techne und Arete. Sophistisches und platonisches Tugendwissen. Berlin 1969 (Quellen und Studien zur Geschichte der Philosophie. 12)
Kümmel, Friedrich: Platon und Hegel zur ontologischen Begründung des Zirkels in der Erkenntnis. Tübingen 1968
Kumakēs, Geōrgios: Platons ‹Parmenides›. Zum Problem seiner Interpretation. Bonn 1971 (Abhandlungen zur Philosophie, Psychologie und Pädagogik. 74)
Marten, Rainer: Platons Theorie der Idee. Freiburg 1975
Martens, Ekkehard: Das selbstbezügliche Wissen in Platons ‹Charmides›. München 1973
Martin, Gottfried: Platons Ideenlehre. Berlin 1973
Maurer, Reinhard: Platons Staat und Demokratie. Berlin 1970
Meinhardt, Helmut: Teilhabe bei Platon. E. Beitr. zum Verständnis platonischen Prinzipiendenkens. Freiburg 1968
Müller, Carl W.: Die Kurzdialoge der Appendix Platonica. München 1975
Niehues-Pröbsting, Heinrich: Überredung zur Einsicht: d. Zusammenhang von Philosophie und Rhetorik bei Platon ... Frankfurt a. M. 1987 (Philosophische Abhandlungen. 54)

NOUSSAN-LETTRY, LUIS: Spekulatives Denken in Platons Frühschriften: Apologie und Kriton. Freiburg, München 1974

PESTER, HANS EBERHARD: Platons bewegte Usia. Wiesbaden 1971 (Klassisch-philologische Studien. 38)

PFAFFEROTT, GERHARD: Politik und Dialektik am Beispiel Platons. Saarbrücken 1976

Das Problem der ungeschriebenen Lehre Platons. Beitr. z. Verständnis d. platonischen Prinzipienphilosophie. Hg. von JÜRGEN WIPPERN. Darmstadt 1972 (Wege der Forschung. 186)

REHN, RUDOLF: Der Logos der Seele: Wesen, Aufgabe und Bedeutung der Sprache in der platonischen Philosophie. Hamburg 1982

ROCHOL, HANS: Der allgemeine Begriff in Platons Dialog Parmenides: Erörterung e. Einwandes gegen d. Platonismus. Meisenheim a. Glan 1975

ROWE, CHRISTOPHER J.: Plato. Brighton 1984 (Philosophers in context. 2)

SCHEFFEL, WOLFGANG: Aspekte der platonischen Kosmologie: Unters. z. Dialog ‹Timaios›. Leiden 1976

SCHMIDT, GERHART: Platons Vernunftkritik oder die Doppelrolle des Sokrates im Dialog Charmides. Würzburg 1985.

SCODEL, HARVEY RONALD: Diaeresis and the myth in Platon's Statesman. Göttingen 1986 (Hypomnemata. 85)

STRIKER, GISELA: Peras und Apeiron. Das Problem der Formen in Platons Philebos. Göttingen 1970 (Hypomnemata. 30)

SUHR, MARTIN: Platons Kritik an den Eleaten. Hamburg 1969 (Schriften der Stiftung Europa-Kolleg Hamburg. 12)

SZLEZAK, THOMAS A.: Platon und die Schriftlichkeit der Philosophie: Interpretation z. d. frühen u. mittleren Dialogen. Berlin 1985

TELLE, HEIDEMARIE: Formen in der Beweisführung in den platonischen Frühdialogen. Bonn 1975

THURNER, RAINER: Der siebte Platonbrief: Versuch e. umfass. philosoph. Interpretation. Meisenheim a. Glan 1975

TIELSCH, ELFRIEDE: Die platonischen Versionen der griechischen Doxalehre. Meisenheim a. Glan 1970 (Monographien zur philosophischen Forschung. 58)

UPHUES, KARL: Sprachtheorie und Metaphysik bei Platon, Aristoteles und in der Scholastik. Hg. von KURT FLASCH. Frankfurt a. M. 1973 (Opuscula philosophica. 2)

Utopie und Tradition: Platons Lehre vom Staat in der Moderne. Hg. HERMANN FUNKE. Würzburg 1987

VLASTOS, GREGORY: Platon's universe. Oxford 1975

WEIZSÄCKER, KARL FRIEDRICH VON: Platonische Naturwissenschaft im Laufe der Geschichte. Göttingen 1971

WIELAND, WOLFGANG: Platon und die Formen des Wissens. Göttingen 1982

ZEKL, HANS GÜNTER: Der ‹Parmenides›. Unters. ü. innere Einheit. Zielsetzung u. begriffl. Verfahren e. platon. Dialogs. Marburg 1971

Uta Rösler

NAMENREGISTER

Die kursiv gesetzten Zahlen bezeichnen die Abbildungen

Philosophie

rowohlts monographien
Begründet von Kurt Kusenberg, herausgegeben von Wolfgang Müller und Uwe Naumann.

Theodor W. Adorno
dargestellt von
Hartmut Scheible
(400)

Hannah Arendt
dargestellt von
Wolfgang Heuer
(379)

Aristoteles
dargestellt von J.-M. Zemb
(063)

Walter Benjamin
dargestellt von Bern Witte
(341)

Ludwig Feuerbach
dargestellt von
Hans-Martin Sass
(269)

Johann Gottlieb Fichte
dargestellt von
Wilhelm G. Jacobs
(336)

Martin Heidegger
dargestellt von
Walter Biemel
(200)

Karl Jaspers
dargestellt von Hans Saner
(169)

Immanuel Kant
dargestellt von Uwe Schultz
(101)

Karl Marx
dargestellt von
Werner Blumenberg
(076)

rowohlts monographien

Platon
dargestellt von
Gottfried Martin
(150)

Karl Popper
dargestellt von
Manfred Geier
(468)

Jean-Paul Sartre
dargestellt von
Walter Biemel
(087)

Max Scheler
dargestellt von
Wilhelm Mader
(290)

Rudolf Steiner
dargestellt von
Christoph Lindenberg
(500)

Ein Gesamtverzeichnis der Reihe *rowohlts monographien* finden Sie in der *Rowohlt Revue*. Vierteljährlich neu. Kostenlos in Ihrer Buchhandlung.

4501/6